CHEIOS DO ESPIRITO

Dados Internacionais de Catalogação na Publicação (CIP)
(Câmara Brasileira do Livro, SP, Brasil)

Lopes, Augustus Nicodemus
   Cheios do espírito / Augusto Nicodemus Gomes Lopes. — São Paulo:
Editora Vida, 2007.

   Bibliografia.
   ISBN 978-85-7367-979-3
   e-ISBN 978-65-5584-341-5

   1. Batismo no Espírito Santo 2. Bíblia.N.T. Efésios — Crítica e interpretação 3. Espírito Santo — Ensino bíblico I. Título.

06-9736   CDD-231.3

Índice para catálogo sistemático

1. Espírito Santo : Teologia cristã   231.3

Augustus Nicodemus

CHEIOS DO ESPÍRITO

Vida
ACADÊMICA

Editora Vida
Rua Conde de Sarzedas, 246 — Liberdade
CEP 01512-070 — São Paulo, SP
Tel.: 0 xx 11 2618 7000
atendimento@editoravida.com.br
www.editoravida.com.br
@editora_vida /editoravida

Editor responsável: Gisele Romão da Cruz
Editor-assistente: Aline Lisboa M. Canuto
Edição: Lílian Palhares
Revisão do acordo ortográfico: Jéssica Oliveira
Diagramação: Marcelo Alves
Capa: Thiago Bech

CHEIOS DO ESPÍRITO
© 2007, de Augustus Nicodemus Lopes

Todos os direitos desta edição em língua portuguesa reservados e protegidos por Editora Vida pela Lei 9.610, de 19/02/1998.

É proibida a reprodução desta obra por quaisquer meios (físicos, eletrônicos ou digitais), salvo em breves citações, com indicação da fonte.

∎

Exceto em caso de indicação em contrário, todas as citações bíblicas foram extraídas de *Almeida Revista e Atualizada (ARA)*
© 1993, por *Sociedade Bíblica do Brasil*.
Todos os direitos reservados.

Todas as citações bíblicas e de terceiros foram adaptadas segundo o Acordo Ortográfico da Língua Portuguesa, assinado em 1990, em vigor desde janeiro de 2009.

∎

As opiniões expressas nesta obra refletem o ponto de vista de seus autores e não são necessariamente equivalentes às da Editora Vida ou de sua equipe editorial.

Os nomes das pessoas citadas na obra foram alterados nos casos em que poderia surgir alguma situação embaraçosa.

Todos os grifos são do autor, exceto indicação em contrário.

1. edição: fev. 2007
1. reimp.: set. 2007
2. reimp.: set. 2011
3. reimp.: ago. 2013
4. reimp.: mar. 2016
5. reimp.: dez. 2022 (Acordo Ortográfico)

Esta obra foi composta em *Adobe Garamond Pro*
e impressa por Promove Artes Gráficas sobre papel
Pólen Natural 80 g/m² para Editora Vida.

Sumário

Prefácio   7

Apresentação à segunda edição   9

Apresentação à primeira edição   11

Capítulo 1 — A carta de Paulo aos Efésios   13
   A fundação da igreja de Éfeso   13
   O propósito de Paulo   14
   O aspecto corporativo da atuação do Espírito Santo   15
   O ensino sobre o Espírito   16
   Exortações práticas   17
   O Espírito e Cristo   18

Capítulo 2 — O que é ser cheio do Espírito   21
   O Espírito Santo é uma *Pessoa*   21
   Controlando ou sendo controlados?   22
   O controle do Espírito Santo produz santidade   24
   O Espírito, santidade e a Palavra de Cristo   26
   Reações físicas diante do sobrenatural   27
   Qual a relação com o livro de Atos?   37

Capítulo 3 — Como ser cheio do Espírito Santo?   43
   A ordem de Paulo   43

Resolvendo o problema do pecado 45
Usando os meios de graça 50

Capítulo 4 — A importância de sermos cheios do Espírito 53
Uma ordem a ser obedecida 53
Experiências passadas não bastam 55
A vida cristã depende do enchimento do Espírito 57

Capítulo 5 — Vários batismos e várias experiências 61
Lloyd-Jones e 1Coríntios 12.13 63
O contexto do ensino de Lloyd-Jones 64
O selo do Espírito e o batismo com o Espírito 66
O testemunho do Espírito e o batismo com o Espírito 67
1Coríntios 12.13 68
Era Lloyd-Jones um carismático? 69
Conclusão 70

CAPÍTULO 6 — Um só batismo 73
Uma experiência iniciatória 74
Batismo "pelo", "com" ou "no" Espírito? 76
Os quatro elementos de todo batismo 77

CAPÍTULO 7 — Um batismo, muitas experiências 81
Em que Lloyd-Jones e Stott concordam 81
Em que Lloyd-Jones e Stott diferem 82
A relação entre 1Coríntios 12.13 e as experiências
no livro de Atos 83

Conclusão 87

Prefácio

Muito da literatura evangélica popular tem, por diversas vezes, sugerido que vivemos na "era do Espírito". A sugestão é que nos últimos cem anos a igreja cristã tem experimentado um grande avivamento produzido pela ação do Espírito Santo, responsável pelo grande crescimento da igreja evangélica. Tudo é atribuído "ao enchimento do Espírito". De fato, não podemos negar que estamos em um período de grande efervescência religiosa evangélica no Brasil e em grande parte do mundo.

Ao mesmo tempo, apesar de grande euforia pelo expressivo crescimento da igreja, muitos problemas doutrinários, sérias crises teológicas e um grande número de grupos sectários e extremistas marcam a mesma era de efervescência evangélica. Tal paradoxo, no mínimo aparente, leva-nos diretamente à questão fundamental da discussão sobre o assunto: autenticidade. Em que medida as experiências espirituais que presenciamos ou das quais tomamos conhecimento são autênticas, genuínas e bíblicas? O que é ser cheio do Espírito? O que é batismo e plenitude do Espírito Santo? Estamos diante de um "fogo santo" ou de um "fogo estranho"? É o "calor do Espírito" que estamos sentindo ou corremos o risco de "nos queimar"?

Para avaliar um tema tão importante é preciso alguém que tenha bagagem teológica e exegética para tratar o texto bíblico com perícia e atenção. É com muita satisfação que eu apresento ao amigo leitor o dr. Augustus Nicodemus, estudioso de expressão do contexto reformado, especialista em Novo Testamento. O caminho de sua reflexão já revela as marcas da experiência. Atravessando as águas do Atlântico, mestre Nicodemus vai dialogar com conhecidos expoentes britânicos: Lloyd-Jones e John Stott. Além de uma experiência histórica extraordinária de quem conhece muito sobre os avivamentos de Gales, da Irlanda e da Inglaterra, nossos estudiosos da terra da Rainha possuem expressiva relevância por serem exímios na arte de falar da teologia no nível do leigo. Essa é uma das maiores necessidades de nossos dias: estudar com profundidade e reverência o Texto Sagrado e comunicá-lo de maneira contemporânea e contundente.

Portanto, antes de fazer juízo sobre as múltiplas experiências espirituais de nosso tempo, antes de seguir irrefletidamente modismos de movimentos espúrios, antes de buscar a última novidade "do Espírito", quero convidar todos a uma viagem por este nobre opúsculo! O melhor de tudo é descobrir que nossa viagem é uma viagem transatlântica, que passará não somente pelas ilhas britânicas, mas também pelo mar Mediterrâneo, principalmente pela cidade de Éfeso, na atual Turquia. E, depois de navegar por tantas águas, tenho certeza de que o amigo leitor terá condições de separar o "fogo genuíno" do "fogo falso". Falando nisso, é bom lembrar que o Espírito é fogo (Mt 3.11), o Espírito é água (Jo 7.37-39). Trocadilhos teológicos à parte, quero ressaltar que quem "entra na chuva é para se molhar", e nessa empreitada teológica prática ninguém pode "se queimar". Concluídas nossas palavras, passemos à leitura! Está na hora de pesquisar.

Luiz Sayão
Linguista, teólogo e hebraísta

Apresentação à segunda edição

O leitor tem em mãos uma revisão da primeira edição desta obra, lançada em 1998. Várias mudanças aconteceram no cenário evangélico desde então. Alguns dos movimentos e manifestações mencionados e analisados aqui perderam a sua força e já não existem, vencidos pela própria fragilidade que caracteriza todos os ventos de doutrina. O tempo, muitas vezes, funciona como elemento purificador da Igreja, pois sua passagem inexorável arrasta consigo tudo aquilo que não tiver fundamento verdadeiro.

Por outro lado, novos movimentos e manifestações surgiram no meio das igrejas evangélicas. Apesar disso, os princípios bíblicos analisados e aplicados neste livro com respeito às manifestações do Espírito Santo permanecem válidos, visto que muita coisa nova nada mais é do que uma reedição maquiada de antigos erros e práticas.

Ao trazer a público a segunda edição de *Cheios do Espírito*, oro ao nosso Deus para que use esta modesta obra no esclarecimento e na edificação do querido povo evangélico brasileiro, especialmente daqueles crentes sinceros que buscam fervorosamente a plenitude do Espírito Santo, não para serem poderosos, mas para serem santos.

Augustus Nicodemus Lopes, Ph.D.
São Paulo, outubro de 2006.

Apresentação à primeira edição

Esta obra é uma tentativa de abordar biblicamente algumas das questões contemporâneas relacionadas com a plenitude do Espírito Santo. Estou consciente de que existem diferentes opiniões entre os evangélicos quanto a esse tema. Se você for a uma livraria evangélica hoje, perceberá que existe uma quantidade enorme de livros sobre o assunto, e nem todos eles concordarão a respeito do que significa ser cheio do Espírito, ou como isso acontece, e quais são os resultados. Não duvido de que todos nós queiramos ser tomados e usados pelo Espírito. Entretanto, não existe completa unanimidade entre nós quanto às manifestações e às consequências práticas numa igreja ou num indivíduo quando o Espírito Santo os controla inteiramente. A dinâmica da plenitude espiritual — bem como seus resultados — é matéria de intensa discussão entre os evangélicos no Brasil e no mundo, é claro.

O objetivo deste ensaio é procurar esclarecer alguns desses pontos. Gostaria de abordá-los partindo do ensino que o apóstolo Paulo nos dá sobre o tema em sua carta aos Efésios, do capítulo 5 versículo 18 até o capítulo 6 versículo 9.

Minha abordagem é abertamente reformada. Com isto quero dizer que abordo o texto procurando ser coerente com minha convicção de que este tem apenas um sentido, que é o pretendido pelo autor humano, que o registrou sob inspiração divina, e que o método para descobri-lo é o gramático-histórico, empregado pelos reformadores.

Minhas convicções e minha experiência quanto à vida no Espírito têm sido moldadas pelas obras dos Puritanos, antigos e modernos, e contextualizadas pelo meu inegável brasileirismo: sou um nordestino convicto, nascido, aliás, na Paraíba.

Meu alvo é contribuir para o crescente movimento, em nosso país, de retorno às antigas doutrinas da graça, das quais a experiência com o Espírito Santo é parte primordial.

Augustus Nicodemus Lopes, Ph.D.
São Paulo, março de 1998.

CAPÍTULO 1
A carta de Paulo aos Efésios

O texto clássico na Bíblia sobre o enchimento do Espírito Santo é Efésios 5.18: "E não vos embriagueis com vinho, no qual há dissolução, mas enchei-vos do Espírito" (ARA). É neste contexto que iniciaremos nossa pesquisa.

A fundação da igreja de Éfeso

Vamos começar examinando as circunstâncias em que o apóstolo Paulo escreveu a carta aos Efésios. Ele havia fundado a igreja de Éfeso em sua terceira viagem missionária (Atos 19). A igreja nasceu em meio a uma tremenda efusão do Espírito, quando, pelas mãos de Paulo, o Espírito Santo veio sobre doze homens que haviam sido discípulos de João Batista e de Apolo (Atos 19.1-7). Muitos judeus e gentios se converteram e ingressaram na Igreja mediante a pregação de Paulo, que ali trabalhou por cerca de dois anos (Atos 19.10). Pelas mãos de Paulo, Deus realizou em Éfeso milagres "extraordinários" (19.11). Esta é a única vez no Novo Testamento em que milagres realizados por alguém são descritos dessa forma. Num certo sentido, o que Paulo realizou era idêntico ao que realizara em outros campos missionários: curas e expulsões de demônios. Mas Lucas, o autor do livro de Atos, os classifica de "extraordinários" por sua intensidade: Deus estava curando e expelindo os demônios com o auxílio dos lenços e dos aventais que Paulo usava (19.12) — algo que não mais se repetiu no ministério de Paulo, ou de qualquer outro apóstolo ou missionário mencionado no Novo Testamento. Além dos milagres extraordinários, ocorreram conversões igualmente extraordinárias, inclusive de pessoas envolvidas com a prática de artes mágicas (19.19). A igreja de Éfeso nasceu em meio a uma das mais tremendas efusões do Espírito Santo mencionadas na Bíblia.

Após um período de intensa atividade espiritual naquela cidade, Paulo partiu para a Macedônia, e de lá para a Grécia. Quando estava preso em Roma, alguns anos depois, Paulo escreveu a carta aos seus filhos na fé em Éfeso.[1] Ao que parece, ele soube que a Igreja estava preocupada com o fato de que ele, como apóstolo de Cristo, designado por Deus como pregador do Evangelho, estava ali em prisão (Efésios 3.13).

O propósito de Paulo

Na carta, Paulo visa informá-los do motivo de sua prisão, que era o Evangelho de Cristo (Efésios 3.1; 4.1; 6.20), e instruí-los acerca do propósito eterno de Deus em Cristo e de seu plano gracioso para a Igreja. Na carta, Paulo faz uma exposição do grandioso

---

[1] Estou consciente do fato que muitos estudiosos do Novo Testamento questionam a autoria paulina da carta aos Efésios. Entretanto, não estou persuadido pelas evidências que apresentam. Nada há que seja mais determinante no ensino da Igreja, durante séculos, de que Paulo é o seu autor. Entre os que aceitam a autoria paulina, existem alguns que sugerem que Efésios, na verdade, foi uma carta circular de Paulo a várias igrejas da região da Ásia Menor, e que Éfeso era uma delas. Essa teoria não é impossível, embora, a meu ver, sua argumentação não seja conclusiva. V. Donald GUTHRIE. *New Testament Introduction* [Introdução ao Novo Testamento]. London: Intervarsity Press, 1970, p. 479-514.

plano de Deus, desde a eternidade, para a sua Igreja, e como o ministério dos apóstolos se encaixa nesse plano. Ele nos propicia uma visão geral do propósito eterno de Deus, de fazer convergir em Cristo Jesus todas as coisas na plenitude dos tempos; expõe como a Igreja, onde isso se concretiza, teve seu fundamento lançado por intermédio do ministério apostólico; e como Paulo, sendo apóstolo, participou da fundamentação e do lançamento da base da Igreja. As suas cadeias fazem parte do eterno propósito de Deus para a Igreja.

Efésios, portanto, é um livro sobre a Igreja; é uma carta sobre o povo de Deus, sobre o plano de Deus para esse povo, sobre os privilégios desse povo, sobre os deveres desse povo e sobre como esse povo deve proceder. É muito importante observar que, ao expor esses assuntos, o apóstolo Paulo faz referências frequentes ao Espírito Santo. Proporcionalmente ao seu tamanho, Efésios é uma das cartas que tem maior concentração de referências ao Espírito Santo. Ou seja, a doutrina do Espírito Santo é central no que Paulo tem a dizer aos Efésios. O apóstolo se refere doze vezes ao Espírito e, em mais da metade dos casos, ele diz *no Espírito* — sua expressão predileta na carta.

O aspecto corporativo da atuação do Espírito Santo

É muito importante assimilar essa relação entre a doutrina da Igreja e a doutrina do Espírito, que aparece claramente na carta aos Efésios. O fato de Paulo ensinar a doutrina da plenitude do Espírito Santo dentro dessa estrutura, em que fala da Igreja de Deus, em si só já é um corretivo muito importante para a nossa tendência ao individualismo. Alguns, quando pensam em plenitude do Espírito, imediatamente visualizam uma pessoa sozinha orando de joelhos num quarto, ou num determinado local isolado, clamando a Deus pela "unção". Contrariamente a essa perspectiva, Paulo trata da plenitude do Espírito no contexto da Igreja como corpo de Cristo.

Devemos manter isso em perspectiva. Não estou dizendo que Deus não atua no indivíduo isolado. Eu creio que ele o faz, sim. O que quero dizer é que o ensino bíblico sobre o Espírito Santo nos é dado no contexto da Igreja. É como membro do corpo de Cristo que sou encorajado por Deus a ser cheio do Espírito. Em outras palavras, é primordialmente quando a igreja está reunida, buscando a Deus, orando e servindo-o que o Espírito nos enche, abençoa, edifica e instrui, sem prejuízo — é claro — da sua atuação no indivíduo.

O ensino sobre o Espírito

Vejamos o que Paulo tem a nos dizer sobre o Espírito Santo nessa carta.

No capítulo 1, ensina que o Espírito Santo é o selo de todas as bênçãos espirituais que Deus nos deu nos lugares celestiais em Cristo Jesus. O Espírito é apresentado como aquele que *sela* as verdades do Evangelho no coração dos que crêem (Efésios 1.13). Ou seja, pelo Espírito os crentes são selados, separados para Deus e marcados como sendo propriedade de Deus. No versículo 17, Paulo ora para que Deus conceda *espírito de sabedoria e de revelação* aos fiéis. Embora a maioria das traduções aponte *pneuma* ("espírito"), neste versículo com "e" minúsculo, referindo-se ao espírito humano, um bom número delas e de comentaristas traduzem *Espírito*, isto é, o Espírito de Deus.[2] Se este é o caso, Paulo aqui se refere mais uma vez à obra do Espírito Santo, nessa ocasião para iluminar a consciência, a mente dos cristãos, para que percebam

---

[2] Cf. BLH, *Today's English Version* e as duas principais versões francesas. A NVI colocou "Espírito" como tradução alternativa.

tudo aquilo que lhes é dado em Cristo Jesus. Ou seja, ele ora para que, mediante a operação do Espírito Santo, os crentes venham a ter os olhos de seus corações e mentes iluminados para perceber as riquezas de Cristo (cf. João 14.26; Lucas 12.12; Atos 6.10). Paulo já havia dito que eles têm o Espírito (v. 13), mas não cessa de orar para que tenham mais da sua operação (v.17).

No capítulo 2, após dizer que na Igreja são rompidas as barreiras existentes entre judeus e gentios, Paulo afirma que o acesso de ambos a Deus Pai é feito por intermédio do Espírito. É por ele que temos acesso a Deus (v. 18). É o mesmo Espírito quem auxilia os crentes, quer judeus ou gentios, em suas orações a Deus (cf. Romanos 8.15,26,27). No versículo 22 desse capítulo, Paulo diz que, por sua vez, Deus vem habitar na Igreja pelo seu Espírito. A Igreja é o local da habitação de Deus em Espírito. A Trindade bendita, pelo Espírito, está ali presente.

No capítulo 3, Paulo menciona que é pelo Espírito que o mistério do Evangelho foi revelado aos apóstolos e profetas, mais especialmente o mistério da inclusão dos gentios no povo de Deus (v. 5,6). Em seguida, Paulo ora para que os crentes sejam fortalecidos no Evangelho mediante a poderosa operação do Espírito em suas almas (v. 16).

Exortações práticas

Paulo faz algumas exortações práticas aos efésios com relação a essa obra do Espírito na Igreja. No capítulo 4, Paulo diz que é o Espírito quem concede a paz que mantém os cristãos unidos, e que eles devem fazer o melhor para preservá-la (v. 3). A Igreja de Cristo, como o corpo humano, tem muitos e diferentes membros, porém todos unidos pelo mesmo Espírito em que foram batizados e do qual beberam (cf. 1Coríntios 12.13). É esse fato que faz com que haja unidade na Igreja. Ainda no mesmo capítulo, Paulo adverte os efésios para não entristecerem o Espírito Santo de Deus, no qual estão selados (v. 30). A razão é evidente: se o Espírito é quem produz a unidade da Igreja e é quem nos transmite todas as bênçãos conquistadas pelo Senhor Jesus para nós na sua morte e ressurreição, é claro que a Igreja não deve entristecer o Espírito, porque é ele quem aplica na vida da Igreja todos esses benefícios da cruz e da ressurreição de Cristo.

No capítulo 6, Paulo, ao tratar da guerra espiritual na qual a Igreja está envolvida contra os principados e potestades, orienta os efésios para que orem "no Espírito em todas as ocasiões" e perseverem em oração (v. 18). É uma ordem apostólica para que a igreja ore continuamente sob a orientação e o poder do Espírito Santo. E no capítulo 5, que é o nosso texto, Paulo diz à igreja que ela deve se encher desse Espírito (v. 18).

O Espírito e Cristo

Eu creio que esse breve panorama no qual Paulo fala sobre o Espírito Santo na carta aos Efésios já deveria nos dar uma ideia do que significa ser cheio do Espírito Santo. Paulo apresenta-o como aquele que traz à Igreja os benefícios de Cristo Jesus, que ilumina a mente e os olhos do coração dos crentes, capacitando-os a entender o que são em Cristo Jesus e o plano redentor de Deus. Ser cheio desse bendito Espírito necessariamente inclui compreender o plano eterno de Deus; o que temos em Cristo Jesus; o que Deus fez por nós em Cristo Jesus; e seu eterno propósito para a Igreja. Não só isso, mas viver sob a orientação e poder desse mesmo Espírito.

É absolutamente claro que, no contexto da carta aos Efésios e no contexto do Novo Testamento como um todo, ser cheio do Espírito Santo está ligado à obra de Deus em Cristo Jesus, e não podemos separar essas duas coisas. Basta uma leitura rápida da carta aos Efésios para se perceber isso. Uma implicação prática evidente é que uma pessoa debaixo do controle do Espírito será, necessariamente, dirigida à pessoa gloriosa de Cristo. Quaisquer que sejam as manifestações que acompanhem a plenitude do Espírito, uma coisa é essencial, e não ficará de fora — se é o Espírito de Deus quem de fato está agindo, Cristo Jesus será o alvo, o centro e o conteúdo da experiência.

Creio que essa verdade bíblica tem faltado em muito do que se tem dito hoje sobre plenitude do Espírito. A ênfase quase sempre está em aspectos individualistas, reações físicas individuais, experiências pessoais, e coisas do gênero. O aspecto corporativo da plenitude do Espírito, a compreensão do plano redentor de Deus que ele produz e Cristo como sendo a expressão objetiva e subjetiva da experiência são aspectos esquecidos ou pouco enfatizados, aspectos que, para Paulo, são essencialmente ligados à operação do Espírito na Igreja de Cristo.

CAPÍTULO 2
O que é ser cheio do Espírito

Agora que vimos o quadro sob uma perspectiva mais ampla, examinemos com detalhes alguns aspectos do enchimento do Espírito. Uma pergunta inicial é "o que é ser cheio do Espírito Santo?".

O Espírito Santo é uma *Pessoa*

Vou começar afirmando o óbvio. Às vezes, o óbvio é tomado como certo e desaparece da nossa reflexão teológica. Devemos nos lembrar, em primeiro lugar, de que estamos tratando aqui de uma *Pessoa*. Quando lemos "enchei-vos do Espírito" (Efésios 5.18, ARA), frequentemente nos esquecemos de que Paulo fala em sermos cheios de uma pessoa, a terceira pessoa da Trindade.

Estou enfatizando a "pessoalidade" do Espírito Santo, pois, a julgar pelo que alguns evangelistas, pastores e obreiros têm praticado em seu ministério, temos a impressão de que, para eles, o Espírito Santo é uma espécie de gás celestial, que desce do céu e enche as pessoas ou um determinado ambiente; ou ainda um líquido divino, que é derramado sobre as almas, vistas como uma espécie de recipiente vazio. Outros tratam o Espírito como se fosse um vento e chegam ao ponto de se apresentarem como sendo capazes de "soprar" o Espírito Santo, ou de lançá-lo sobre outros.[1] E, também, outros tratam o Espírito como se fosse uma espécie de energia celestial, como uma corrente elétrica. Já ouvi um conhecido pregador no Brasil se referir à reação à obra do Espírito Santo como sendo uma "eletrificação". Dizia ele que o resultado da plenitude do Espírito faz com que você sinta choques elétricos e seja capaz de causar choques elétricos nos outros.[2]

O que essas coisas têm em comum é que em todas elas a "pessoalidade" do Espírito é perdida de vista. Inconscientemente (pois creio que essas pessoas, em sua teoria, crêem que o Espírito é a terceira pessoa da Trindade), tratam o Espírito como algo impessoal, uma espécie de força ou uma coisa sobre a qual nós temos alguma espécie de controle.

Controlando ou sendo controlados?

Devemos nos lembrar de que, apesar de Paulo usar uma linguagem figurada ("*enchei*-vos do Espírito" — a expressão realmente invoca a ideia de um líquido sendo derramado em um recipiente,

[1] Essas pessoas apelam para a ocasião quando Jesus soprou sobre os discípulos, após a sua ressurreição e disse: "Recebam o Espírito Santo" (João 20.22). Mas somente Cristo pode conceder o Espírito pelo seu próprio sopro, assim como Deus concedeu vida ao homem, soprando-lhe nas narinas (Gênesis 2.7). Nenhum apóstolo de Cristo soprou sobre os discípulos para lhes conceder o Espírito, nem ensinaram às igrejas esse tipo de procedimento.

[2] Este conceito, bastante difundido, foi principalmente incentivado, para sua popularização, por intermédio do testemunho do conhecido evangelista Charles Finney, que descreveu uma experiência em que teve algo como choques elétricos atravessando seu corpo e alma. V. Raymond EERDMANS. *Despertamento: A ciência de um milagre*. Venda Nova: Betânia, 1976; 4. ed., p.18-9. Hoje, a experiência pessoal de Finney tem servido de base doutrinária para alguns que afirmam que reações físicas deste tipo estão relacionadas com a plenitude do Espírito. Todavia, experiências pessoais, sejam de quem forem, não podem se constituir em padrão para os demais crentes.

até enchê-lo completamente), é evidente que para ele o Espírito Santo é uma pessoa, é a terceira pessoa da Trindade, é Deus, e não uma força ou algo que pudéssemos manipular, ou que esteja debaixo do nosso controle. Quando perdemos isso de vista, e na prática nos referimos a ele como uma força impessoal, como resultado, pensaremos ter algum controle sobre ele e que podemos "usá-lo" (ou o seu poder) quando e como desejamos. Assim, poderemos incorrer no mesmo erro de alguns que determinam até mesmo quando o Espírito vai curar ou agir, marcando com antecedência reuniões de cura e libertação, coisa que nem mesmo o Senhor Jesus e os apóstolos fizeram.

É evidente que Paulo, nesse momento, está ordenando que nos submetamos ao domínio do Espírito Santo de forma tão completa que todas as áreas da nossa existência fiquem sob seu domínio, e que o fruto do Espírito — alegria, amor, paz, gozo, domínio próprio, enfim, santidade — encha nossa existência, como um vaso é enchido até em cima.

O conceito de que ser "cheio do Espírito" significa ser controlado pelo Espírito está bastante claro na própria passagem bíblica. Em Efésios 5.18, Paulo faz uma comparação contrastando alguém que está embriagado com alguém que está cheio do Espírito. A embriaguez era algo bastante comum entre os pagãos, assim como entre os habitantes de Éfeso, especialmente por ocasião dos festivais promovidos aos seus deuses, entre os quais se destacava Baco, o deus do vinho. Durante a *Bacanália*, o festival ao deus Baco, os participantes se embriagavam e se entregavam às mais baixas paixões carnais, totalmente submetidos à influência do vinho. O resultado era *asotia*, palavra grega que Paulo usa aqui e que significa "dissolução, luxúria, lascívia".

A embriaguez consiste no domínio ou controle de alguém pelos efeitos do álcool. Quando alguém está embriagado, o álcool já subiu à sua mente através da corrente sanguínea e já dominou de tal maneira o seu cérebro que tudo que a pessoa fizer — as suas palavras, as suas reações, as suas emoções, os seus sentimentos, as suas decisões — será realizado sob os efeitos do álcool. A pessoa embriagada já não percebe mais o que faz; ela perdeu todo o controle de sua vida, pois está dominada por esse agente externo, que é o álcool. Eu creio que o paralelo entre essa situação e o ser cheio do Espírito Santo está evidente em Efésios 5.18. Uma pessoa que é controlada pelo Espírito Santo terá suas palavras, suas ações, suas reações e seus sentimentos de tal maneira influenciados pelo Espírito Santo, que eles refletirão o caráter santo do Espírito.

Existe, obviamente, uma profunda diferença entre estar embriagado e estar controlado pelo Espírito. No estado de embriaguez, a pessoa perdeu todo o domínio próprio, ao passo que, quanto mais estivermos submetidos ao controle do Espírito, mais domínio próprio teremos.

Esse ponto é importante, pois leva-nos à seguinte conclusão: já que o Espírito é *santo*, o efeito mais visível do seu controle na vida de alguém será o de *santidade*. Se ser cheio do Espírito é submeter-se ao seu controle de tal maneira que todo o viver seja influenciado por ele. Evidentemente, o resultado imediato de uma vida controlada pelo Espírito será a santidade.

O controle do Espírito Santo produz santidade

Este ponto parece óbvio, mas não é. Deixe-me ilustrar. Há algum tempo, fui convidado para participar como preletor de uma conferência sobre santidade promovida por uma conhecida organização carismática no Brasil. O convite, bastante gentil, dizia em linhas gerais que o povo de Deus no Brasil vinha experimentando, nas últimas décadas, ondas sobre ondas de avivamento. "O vento do Senhor tem soprado renovação sobre nós", dizia o convite, mencionando em seguida o que se considerava como evidência: o movimento brasileiro de missões; o crescimento na área da ação social; os seminários e institutos bíblicos cheios; o surgimento de uma nova onda de louvor e adoração, com bandas diferentes que "conseguem aquecer os nossos ambientes de culto". O convite reconhecia, porém, que ainda havia muito que se alcançar. Existia especialmente um assunto que não tinha recebido muita ênfase, dizia o convite, que é a santidade. E acrescentava: "Sentimos que precisamos batalhar por santidade. Por isso, estamos marcando uma conferência sobre santidade...".

Dei graças a Deus pelo desejo daqueles irmãos em buscar mais santidade. Entretanto, por detrás dessa busca, havia o conceito de que se pode ter um "avivamento" espiritual sem que haja ênfase em santidade! Isso deixa claro que para esses irmãos — e muitos outros no Brasil — a prática dos chamados dons sobrenaturais (visões, sonhos, revelações, milagres, curas, línguas, profecias), o "louvorzão", o ajuntamento de massas em eventos especiais, e coisas assim, são sinais de um verdadeiro avivamento. É esse o conceito de avivamento e plenitude do Espírito que permeia o evangelicalismo brasileiro hoje; ou seja, a atuação do Espírito, ou um avivamento, identifica-se mais com essas manifestações externas e com a chamada liberdade litúrgica do que propriamente com o controle do Espírito Santo na vida de alguém, na vida da igreja, na vida de uma comunidade. Isso é bastante sintomático, e nunca é demais enfatizarmos que, no ensino de Paulo, bem como do restante do Novo Testamento, ser cheio do Espírito é estar primariamente submetido ao controle do Espírito de Deus, cujo caráter é santo.

Evidentemente não se pode negar o extraordinário crescimento das igrejas neopentecostais no Brasil e, com ele, os efeitos mencionados no convite. Mas não podemos *identificar* esse crescimento como um genuíno avivamento espiritual, a não ser ampliando o significado do termo "evangélico", especialmente quando os próprios defensores do "avivamento" constatam a evidente falta de ênfase em santidade. Ou seja, não se exige, não se prega, e — digo com temor — talvez não se viva a santidade bíblica como se deveria num movimento desses. E, finalmente, não devemos nos impressionar com estatísticas. O aumento do número de igrejas neopentecostais no Brasil não indica necessariamente que estão acontecendo "ondas sobre ondas de avivamento" que varrem o país, especialmente quando as que mais crescem no momento se utilizam por vezes de métodos questionáveis para promover esse crescimento.

O Espírito, santidade e a Palavra de Cristo

Podemos ir um pouco mais adiante e dizer que essa santidade resultante do controle do Espírito Santo se expressa na vida da Igreja e do cristão individualmente *em termos de obediência à Palavra de Deus*.

Essa relação torna-se evidente quando comparamos Efésios 5.18 com Colossenses 3.16. Paulo provavelmente escreveu aos colossenses ao mesmo tempo em que escreveu a carta aos Efésios. A semelhança entre o vocabulário, temas e expressões das duas cartas é muito grande. Colossenses 3.16—25 é uma passagem praticamente idêntica a Efésios 5.18—6.4, um pouco mais resumida, é verdade, e com uma diferença significativa para nosso estudo: ao invés de dizer aos colossenses que os crentes deveriam se encher do Espírito, Paulo os admoesta a se encher da palavra de Cristo (compare Efésios 5.18 com Colossenses 3.16). Em outras palavras, para Paulo, as duas coisas são semelhantes, ou têm uma relação íntima. Ser cheio do Espírito é a mesma coisa que ter a palavra de Cristo — agora já registrada nas Escrituras — controlando e orientando nossa vida, como Igreja e como indivíduos.

A relação entre a obra do Espírito e as Escrituras é um dos pontos característicos da teologia evangélica reformada. Lutero e Calvino, entre outros, deram-lhe grande atenção. Foi pela insistência nesse ponto que conquistaram a liberdade de interpretação das Escrituras no período da Reforma Protestante, até então cativa debaixo da dogmática católica medieval, e evitaram que o fanatismo dos *Entusiastas* — uma ala da Reforma — substituísse as Escrituras por novas revelações.[3]

A santidade produzida pelo controle do Espírito em nossa vida é santidade bíblica; ela se expressa mediante a obediência à Palavra de Cristo e se reflete por intermédio de princípios e valores ensinados pelo Senhor Jesus à sua Igreja. Não é um misticismo sem rumo, um experiencialismo sem referencial, mas um reflexo amadurecido, correto e vibrante do ensino do Senhor Jesus e dos seus apóstolos como está registrado na Escritura.

Reações físicas diante do sobrenatural

Alguém poderia perguntar se o único efeito do controle do Espírito na vida de uma comunidade, ou do indivíduo, é a obediência à Palavra de Deus — uma vida de santidade. Não haveria a possibilidade de manifestações ou reações físicas? Milhares de

---

[3] V. este ponto com mais detalhes em Augustus N. LOPES. *Calvino, o Teólogo do Espírito Santo*. São Paulo: Publicações Evangélicas Selecionadas, 1996.

cristãos ao redor do mundo parecem acreditar que sim. É bastante comum, em alguns meios evangélicos, a ocorrência de manifestações físicas nos cultos como quedas, desmaios, tremores, riso descontrolado, gritos, paralisia temporária, transes, palpitações, tremor dos lábios, suores frios. Não faz muito tempo, estive na famosa igreja do Aeroporto em Toronto, no Canadá — *Toronto Airport Christian Fellowship*, de onde saiu a "bênção de Toronto" —, e presenciei pessoas que, supostamente pelo poder do Espírito Santo, caíam duras no chão, riam, gritavam histericamente, produziam sons como de animais, falavam em línguas estranhas, tremiam, pulavam, corriam, ou simplesmente ficavam imóveis como estátuas. Para elas, todas essas experiências seriam reações físicas à presença de Deus.

Uma das justificativas para essas manifestações, argumenta-se, é a existência de alguns casos relatados na Bíblia nos quais a operação intensa do Espírito produzira algumas reações físicas nas pessoas. Saul, por exemplo, caiu prostrado e profetizou horas seguidas quando o Espírito Santo veio sobre ele. Alguns dos profetas, diante da glória de Deus, caíram prostrados ao chão (Ezequiel 1.28). Dentre os apóstolos, há o caso do apóstolo João que, diante da glória de Cristo, que lhe apareceu na ilha de Patmos, caiu ao chão. A sua estrutura física não suportou a visão da glória de Cristo, ele entrou em colapso e caiu (Apocalipse 1.17). O mesmo parece ter ocorrido com Daniel (Daniel 10.8,9). Não somente isso, continua o argumento, durante os grandes avivamentos históricos do passado ocorreram manifestações físicas que eram, na realidade, reações do corpo à presença poderosa de Deus. Esses argumentos, portanto, são usados para se validar o fenômeno contemporâneo.

Bem, devo admitir que, de fato, existem registros de certas reações físicas à operação do Espírito Santo na Bíblia. Também devo admitir que, na história dos reavivamentos, houve casos de reações físicas e emocionais diante da operação do Espírito. No avivamento ocorrido no norte da Irlanda em 1859, por exemplo, pessoas com profunda convicção de pecado — normalmente causada pela pregação da Palavra — gemeram, choraram convulsivamente e, em alguns casos, chegaram a cair no chão em convulsões, por causa da agonia de alma pela qual estavam passando. Algumas até ficaram inconscientes, ou caíram numa espécie de enlevo espiritual, um estado semelhante ao de transe.[4] Houve casos de pessoas que caíram durante a pregação de George Whitefield e também de João Wesley, na maioria das vezes em profunda agonia de alma, provocada pela mensagem. Também é bastante conhecido o efeito produzido no auditório pela pregação de Jonathan Edwards durante seu famoso sermão Pecadores nas mãos de um Deus irado: as pessoas não conseguiam se conter e se agarravam às colunas do templo, clamando pela misericórdia de Deus. O próprio Edwards, em seu famoso livro sobre a experiência religiosa no qual procura apresentar os critérios para que os críticos avaliem as reações emocionais e físicas durante o período de grande intensidade espiritual que ele experimentara em Northampton, ainda menciona casos de pessoas que entraram em estado de choque sob a influência do Espírito Santo.[5]

Algumas pessoas nos perguntam se, com base na história dos avivamentos e nesses exemplos bíblicos conhecidos, não deveríamos,

---

[4] V. D. Martyn LLOYD-JONES. *Revival* [Reavivamento]. Westchester, Illinois: Crossway Books, 1987; 2. ed., 1988, p. 134. Lloyd-Jones faz ainda referência a outras manifestações físicas e mentais presentes em alguns avivamentos, mas nem sempre ele consegue demonstrar biblicamente que as mesmas são efeito de uma operação direta do Espírito.

[5] Estas experiências são descritas e analisadas por J. EDWARDS em *The Religious Affections* [As emoções religiosas], Banner, 1994.

portanto, reconhecer como sendo legítimas as reações físicas modernas presentes nos meios neopentecostais — como o caso de pessoas caindo pelo "sopro do Espírito", ficando imóveis no chão, tremendo descontroladamente, entrando em crise de gargalhada histérica, e coisas do gênero? Não estaríamos sendo críticos em demasia já que existe um precedente bíblico, e considerando o precedente da história dos avivamentos?

Creio ser necessário enfrentar a questão e tratá-la com seriedade. Começo lembrando que até mesmo alguns líderes do movimento neopentecostal percebem que deve haver um limite para essas manifestações. Quando a Igreja do Aeroporto de Toronto anunciou ao mundo, em janeiro de 1994, que havia recebido a "bênção do Pai",[6] John Wimber, presidente da *Vineyard Fellowship* ("Irmandade da Videira"), a denominação carismática à qual a Igreja de Toronto pertencia, foi até lá para ver o que estava acontecendo. O que ele viu foram pessoas caindo no chão, rolando de rir, gargalhando por minutos a fio. Wimber regressou aos Estados Unidos, não antes de dar sua aprovação

---

[6] Existem vários livros sobre o movimento escritos por seus líderes, incluindo John ARNOTT, *The Father's Blessing* [A bênção do Pai], Canadá, 1996; Guy CHEVREAU, *Catch the Fire* [Receba o fogo], London, 1994; e Patrick DIXON, *Signs of Revival* [Sinais de reavivamento], Eastbourne, 1994. Todos procuram justificar as manifestações físicas que ocorrem nos cultos apelando para as Escrituras e as experiências de avivamentos passados. V., porém, a avaliação feita por Donald MEEK, Falling Down as if Dead: Attitudes to Unusual Phenomena in the Skye Revival of 1841-1842 [Caindo como mortos: atitudes diante do estranho fenômeno ocorrido no reavivamento em Skye de 1841-1842], in: *Scottish Bulletin of Evangelical Theology*, p. 116-28; particularmente iluminador é o artigo de D. Bruce HINDMARSH, The "Toronto Blessing" and the Protestant Evangelical Awakening of the Eighteenth Century Compared [A "bênção de Toronto" e o despertar do protestantismo evangélico do século XVIII], in: *Crux* 31, 1995, p. 3-13.

ao que entendeu ser uma reação física a uma obra legítima do Espírito Santo.[7]

Em fins de 1995, Wimber regressou em uma nova visita, mas desta vez para comunicar a John Arnott, o pastor da Igreja de Toronto, que eles estavam se desligando da denominação de Toronto. Há possivelmente um número de razões envolvidas, entre elas o envolvimento cada vez maior do ministério de curas de Rodney Howard-Browne em Toronto e da teologia de Benny Hinn — tudo isto questionado por John Wimber. Mas a causa apresentada foi o fato de que começaram a aparecer pessoas na Igreja do Aeroporto emitindo sons de animais como latidos de cães, urros de leão, canto de galos e pios de águias que, na interpretação de Arnott, tratavam-se de profecias encenadas, apropriando-se dessas características de animais. Ou seja, debaixo da compulsão profética do Espírito, pessoas transmitiam a revelação que receberam encenando sons animais. Mas Wimber não se convenceu de que aquilo era do Espírito, antes argumentara que não havia na Bíblia nada que fundamentasse aquele comportamento e, assim, desligou-os da denominação.[8]

O que pretendo indicar ao narrar esses fatos é que até mesmo um homem como Wimber, aberto para manifestações dessa natureza, precisou traçar uma linha divisória em determinado momento entre o que é do Espírito e o que é humano, carnal — para não dizer demoníaco.

---

[7] O próprio Wimber defende as manifestações físicas em seu movimento, num recente artigo aberto, veiculado na Internet, com o título *What in the World is Happening to Us?* [O que está acontecendo conosco neste mundo?]

[8] V. uma reportagem sobre o ocorrido em Dan WOODING, Toronto Blessing Group is Ousted [O grupo abençoado de Toronto é rejeitado], in: *Direction*, jan.1996, p. 40-1, e a reportagem no *Evangelical Times*, 30/1/1996, p. 1 e 24.

Eu diria ainda que existem duas diferenças muito importantes entre as reações físicas encontradas na Escritura, e nos avivamentos históricos, e uma boa parte do que observamos dentro dos círculos neopentecostais. Primeiro, reações físicas como o cair e o rolar no chão, tremores, choro alto, contorções, saltos, risos descontrolados, e coisas semelhantes não são jamais encorajadas nas Escrituras, e nem mesmo apresentadas como sinal da presença de Deus. O mesmo pode se dizer dos avivamentos históricos: em geral, até onde sei, reações físicas e emocionais com essas características nunca foram encorajadas, promovidas, ou buscadas por seus líderes (embora houvesse uns poucos líderes leigos que fizessem o contrário). E nem sempre foram consideradas como evidências claras da atuação do Espírito de Deus. Eu creio que se Jonathan Edwards pregasse hoje e, de repente, alguém caísse durante sua pregação, ele provavelmente diria: "Levante-se para ouvir o resto, eu ainda não acabei de falar a Palavra do Senhor!" O próprio João Wesley era bastante crítico desse tipo de manifestação, embora nunca as proibisse, pois tinha receio de ir contra a obra do Espírito. Entretanto, ele era extremamente cauteloso e reservado quanto a esse tipo de manifestação. Essas reações físicas, nos tempos bíblicos e durante os avivamentos históricos, nunca foram encorajadas pelos líderes e nunca foram vistas como sendo a evidência da atuação do Espírito Santo; portanto, não eram um fim em si mesmas.

Em contraste, o que se vê hoje são pregadores que procuram conscientemente provocar esse tipo de reação. Coisas como "cair no Espírito" são encorajadas. Na Igreja de Toronto existe até mesmo uma equipe de "apanhadores" — voluntários da Igreja que se colocam atrás das pessoas para "apanhá-las" na hora da queda. Ali percebi uma obreira que, literalmente, ao orar por uma mulher, a empurrou para baixo, para que caísse. Outras reações físicas, como o riso, tremores e palpitações, são enfatizadas, elogiadas, e os crentes são encorajados a buscá-las.

A segunda grande diferença, e a meu ver mais importante do que a primeira, é que nos avivamentos históricos grande parte dessas reações físicas foi resultado de uma percepção das grandes verdades de Deus por parte das pessoas, de forma tão clara e tão grandiosa, que a estrutura física não suportou e entrou em colapso. Um bom exemplo é o já mencionado avivamento de 1841-1842 no norte da Irlanda, em Skye. Pastores batistas e presbiterianos que estiveram presentes, ao escreverem seus relatórios, deixaram claro que esse tipo de fenômeno físico era, invariavelmente, o resultado da pregação da Palavra nos cultos, quando pessoas caíam devido a convicção de pecado e, em angústia de alma, choravam em voz alta, soluçavam e às vezes caíam como mortas ao chão.[9]

Voltemos ao que ocorreu na igreja de Jonathan Edwards naquela manhã em que pregou o memorável sermão "Pecadores nas mãos de um Deus irado". O que aconteceu? O que provocou aquela reação nas pessoas, que se lançaram às colunas da Igreja e se abraçaram a elas? As pessoas ali presentes viram de forma tão clara o juízo de Deus e a ira de Deus contra o pecado que entraram em profunda angústia de alma. O Espírito Santo de tal maneira iluminou as suas mentes que elas tiveram uma visão extremamente nítida dos horrores da condenação eterna. Essa compreensão foi tão clara que era como se elas estivessem vendo diante de seus olhos o próprio inferno aberto, pronto para tragar as almas dos ímpios. A percepção da grandeza da ira de Deus e o terror que sentiram do dia do juízo foi tão incisivo que perderam o controle de si mesmos. Observe, então, que se poderia dizer a

---

[9] Cf. MEEK. *Falling Down as Dead*, p. 119, 121, 122.

mesma coisa do que acontecia com a pregação de João Wesley, George Whitefield e de alguns pregadores puritanos quando ocorriam essas reações físicas. Elas aconteciam porque as pessoas se conscientizaram, de uma forma como talvez nunca haviam feito antes, do caráter santo da lei de Deus, dos horrores da ira de Deus, ou da profundidade da graça, da bondade e do amor de Deus, a ponto de seus corpos não suportarem. O fato é que suas mentes ficaram impactadas pela verdade de Deus e, em decorrência disso, seus corpos reagiram.

Mas hoje em dia, o que se percebe é alguma coisa absolutamente diferente. A grande maioria dessas manifestações físicas não são resultado da pregação clara, inequívoca e direta das grandes verdades de Deus, a ponto de o povo não aguentar a glória celestial do que está sendo dito. Uma das principais características dos movimentos que promovem esse tipo de coisa é exatamente a pregação superficial, sem teologia, antidoutrinária, que gira em torno de um amontoado de versículos usados como base para exortações gerais, recheadas de relatos de experiências. Estão ausentes exatamente os temas que mais provocaram esse tipo de reação no passado, que são a santidade, a ira, a justiça de Deus, bem como seu amor redentor em Cristo Jesus.

No fim de sua vida, Charles Finney escreveu vários pequenos artigos sobre o avivamento, os quais foram compilados e publicados sob forma de livro.[10] Nessa obra, Finney se retrata de algumas de suas posições anteriores e se queixa do estado espiritual das igrejas da sua época, igrejas que haviam nascido com os avivamentos que ele próprio havia promovido. Finney lamentava que se encontravam em um estado de lástima, e que muitos dos seus convertidos

---

[10] Charles G. FINNEY. *Revival Fire* [Fogo do reavivamento]. Minneapolis, Minnesota: Dimension Books, s/d.

haviam voltado atrás, e os poucos que restaram estavam insatisfeitos e se tornaram críticos de tudo.[11]

Finney ainda lamentava de que havia surgido um novo tipo de avivamento com o qual ele próprio não poderia concordar. Ele descreve, então, o que aconteceu em uma reunião de avivamento ao ar livre, da qual participou em Nova York. Por dois ou três dias, os pastores vinham tentando produzir avivamento, sem resultado. Finalmente, Finney relata, os pastores conversaram entre si na plataforma e um deles, o mais alto de todos, veio para a frente da plataforma e, com uma voz poderosa, começou a bater palmas e a gritar: "Poder, poder, poder". Em pouco tempo, toda a congregação estava repetindo aos gritos: "Poder, poder, poder". Com alguns minutos disso, da repetição de "poder", e com o bater de palmas, as mulheres começaram a gritar histericamente, descontroladas, com várias delas caindo no chão. Então, foi proclamado que o poder de Deus havia sido manifestado do céu entre eles. E, feito isso, os pastores se retiraram, deixando ali a confusão instaurada.

Finney comenta que essa reunião e outras do mesmo gênero produziram qualquer outra coisa, menos a religião verdadeira. Para ele, aquilo tudo foi produzido pelo homem, foi fruto da manipulação psicológica. Não houve uma única palavra do Evangelho, não houve pregação de nenhuma verdade central do Evangelho, aquilo lá não tinha nada de avivamento do Espírito de Deus.[12] O próprio Finney, que era o pai de tudo aquilo, nem reconhecia os seus filhos mais, porque haviam chegado a um ponto em que ele tinha que dizer: "Assim também é demais". Finney possivelmente diria a mesma coisa dos seus discípulos hoje, que

---

[11] FINNEY, *Revival Fire*, p. 8-22.
[12] Idem, ibidem, p. 37-8.

manipulam psicologicamente as pessoas, por meio da pregação, da música e de outros recursos que poderiam produzir reações físicas as quais eram atribuídas ao Espírito Santo.

Eu não creio que devamos excluir a possibilidade de que haja algum tipo de reação física quando alguém cai devido a convicção do pecado como, por exemplo, passar a noite tremendo, suando frio, insone. Foi o que ocorreu com Erlo Stegen, na África do Sul, quando o Espírito Santo começou a lhe mostrar os pecados de seu coração.[13] Creio também que os crentes podem sentir emoções profundas, a ponto de perderem o controle físico, diante do amor e do perdão de Deus, como aconteceu com o próprio Edwards, em 1737, ao meditar sobre a pessoa de Cristo, sozinho no bosque perto de sua residência. Ele ficou de tal forma embevecido na contemplação da glória de Cristo, que se perdeu no bosque. Durante pelo menos uma hora ficou como que ausente deste mundo.[14] Em ambos os casos, esse profundo estado emocional foi provocado pelo efeito das verdades do Evangelho sobre a mente. Devemos estar alertas quando manifestações físicas e emocionais são colocadas como o alvo do culto cristão e são fruto de manipulação psicológica, e não da pregação ou do ensino das verdades de Deus. Jamais poderemos nos opor àquela reação física produzida por uma apreensão correta das verdades de Deus. Esse é um ponto muito importante quando tratamos dessa questão de sermos enchidos pelo Espírito Santo de Deus.

---

[13] Erlo STEGEN. *Avivamento na África do Sul*. Trad. Augustus N. Lopes, 3. ed., São Paulo: Os Puritanos, 1996, p. 58-62.
[14] V. o relato de D. Martyn LLOYD-JONES. *Joy Unspeakable* [Alegria indizível]. Eastbourne: Kingsway Publications, 1984; reimpr., 1985, p. 79-80.

Qual a relação com o livro de Atos?

Há um outro ponto que desejo tratar antes de prosseguir com a questão de como podemos ser cheios do Espírito. Estamos tratando do que é ser cheio do Espírito e dos seus efeitos. E a esta altura é muito importante encarar uma questão que tem sido levantada por muitos: qual é a relação entre o que é dito em Efésios 5.18 e o livro de Atos? Essa pergunta é levantada visto que aparentemente existem dois conceitos distintos de plenitude espiritual e de avivamento: um que se fundamenta nos relatos da descida do Espírito no livro de Atos e outro que se fundamenta no ensino de Paulo ministrado nas cartas.

A expressão "cheio" ou "cheios" do Espírito ocorre várias vezes no livro de Atos. Lemos em Atos 2 que, no dia de Pentecostes, o Espírito Santo veio sobre os apóstolos e demais cristãos reunidos, e eles foram *cheios do Espírito* (v. 4). Mais adiante, está escrito que Pedro, diante do Sinédrio, ficou *cheio do Espírito* ao apresentar sua defesa (4.8), e que a Igreja reunida — após ter recebido a notícia de que os apóstolos haviam sido açoitados por causa do nome de Jesus — orou, e *todos foram cheios do Espírito* ao pedir a Deus que lhes desse ousadia para pregar a Palavra (4.31). Paulo, pelas mãos de Ananias, que havia sido divinamente comissionado para esse fim, foi *cheio do Espírito* (9.17). Em sua primeira viagem missionária, ao enfrentar o falso profeta Elimas, também chamado Barjesus (13.6), Paulo foi novamente *cheio do Espírito* (v. 9). Lemos ainda que o Espírito Santo caiu sobre os samaritanos (Atos 8), sobre a casa de Cornélio (Atos 10), e depois sobre os doze homens que Paulo encontrara em Éfeso, os quais eram discípulos de Apolo e batizados no batismo de João Batista (Atos 19). Enfim, o livro de Atos narra uma série de eventos, de momentos na nascente Igreja, nos quais as pessoas foram cheias do Espírito Santo. Nesses casos, o que parece ter acontecido foi um evento, um momento, algo definido, que ocorreu em um determinado tempo. O Espírito Santo veio e, soberanamente, tomou o controle em um momento definido. O "enchimento" foi súbito, como quem coloca um copo debaixo de uma torneira aberta ao máximo — e não gradativo, como o resultado de um processo que ocorre repetidamente, ao longo de um tempo.

Qual é a relação entre o que eu estou propondo em Efésios 5.18 e estes eventos do livro de Atos? Ou, em outras palavras, qual o sentido das experiências de Atos para nós hoje? Creio que precisamos nos lembrar de três contextos para responder a essa pergunta.

1) O livro de Atos foi escrito com o propósito de narrar o crescimento externo da Igreja, sua expansão geográfica, começando de Jerusalém até alcançar as extremidades do mundo conhecido de então, até Roma. Portanto, o livro de Atos não se preocupa em explicar ou definir a dinâmica da plenitude do Espírito ou questões mais detalhadas sobre a plenitude do Espírito. Limita-se, na maioria das vezes, a registrar os fatos, sem expor em detalhes como as manifestações ocorrem.

2) Alguns desses fatos eram singulares, únicos, na história da igreja, como o Pentecostes, a descida do Espírito sobre os samaritanos e os gentios. Quando lemos o livro de Atos percebemos que Lucas está consciente de que está narrando fatos relacionados com o cumprimento das antigas promessas de Deus, e não fatos históricos comuns — ou seja, ele escreve a história da redenção. Este ponto é tão importante, que precisamos examiná-lo com mais detalhes.

Embora aceitemos que Lucas escreveu o livro de Atos com o propósito de relatar a Teófilo o progresso do Evangelho, desde Jerusalém a Roma (Lucas 1.1-4; Atos 1.1,2), nem por isso devemos nos esquecer de que Lucas deu forma a essa história — sem alterar os fatos, e sem adicionar algo a eles — de acordo com convicções teológicas que possuía. Lucas escreveu a história da Igreja dentro de uma estrutura doutrinária, a qual, para um número crescente de estudiosos, é o conceito de *história da salvação*.

O livro de Atos revela que Lucas não apenas narra uma história, mas a *história da salvação*, ou seja, a atividade salvadora de Deus no palco da história humana, com o propósito de levar adiante a sua salvação prometida desde o Antigo Testamento. Portanto, Lucas vê os fatos ocorridos com a Igreja como sendo a continuação histórica do Antigo Testamento e do ministério de Jesus. Esse conceito de *história da salvação* não era peculiar a Lucas, pois o próprio Paulo enraíza a fé salvadora nos eventos históricos da morte e ressurreição de Jesus (1Coríntios 15.1-4,17). O conceito teológico de que fora desses fatos históricos não pode haver sustentação para a fé é característica do cristianismo primitivo, e não somente de Lucas.

Os eventos registrados em Atos, para Lucas, ocorreram como o cumprimento da vontade de Deus, como a morte e a ressurreição de Jesus (2.23) e a oposição contra a Igreja (4.27-29). Esses eventos ocorreram para dar cumprimento às Escrituras. Para Lucas, as profecias do Antigo Testamento governavam o decorrer da história da Igreja. Assim, Lucas registra os principais eventos de sua obra como sendo o cumprimento direto das antigas palavras dos profetas: o derramamento do Espírito (2.17-21), a missão aos gentios (13.47), a entrada dos gentios na Igreja (15.16-18), a rejeição de Cristo por parte dos judeus (28.25-27).

Para Lucas, a vida da Igreja apostólica foi dirigida por Deus. A cada etapa do progresso missionário, Deus intervinha para guiá-la, mediante a atuação do Espírito (13.2; 15.28; 16.6,7), dos anjos (5.19,20; 8.26; 27.23), dos profetas (11.27,28; 21.10,11) e, às vezes, do próprio Senhor (18.9; 23.11). A presença dos sinais e prodígios realizados em nome de Jesus por intermédio dos apóstolos e de pessoas associadas aos apóstolos (3.16; 14.3; 19.11) atestava que era o próprio Deus que levava avante a história da Igreja (15.4).[15]

O que eu quero dizer é que os eventos narrados no livro de Atos não são eventos comuns, mas fazem parte de uma etapa distinta e específica da *história da salvação*, que já se encerrou. Eram, em grande parte, o cumprimento histórico, definido e distinto, de algumas profecias do Antigo Testamento. Lucas narra os atos salvíficos de Deus na história, fatos únicos na história da redenção. Portanto, não podemos simplesmente considerar os eventos ali narrados e pensar que seja da vontade de Deus que se repitam do mesmo modo na história da Igreja pós-apostólica em que vivemos.

3) E devemos recordar que Atos relata um período muito especial na história da redenção, que é *a transição das duas Alianças*, quando a Antiga Aliança estava sendo substituída pela Nova. Estava havendo uma mudança. E era necessário que essa mudança fosse autenticada por alguns eventos extraordinários especiais. Portanto, é imperativo que ao lermos o livro de Atos para ver a ação do Espírito Santo tenhamos em mente que o livro de Atos relata um período específico da história da Igreja.

Não desejo cair no erro de negar o valor teológico, prático e pastoral do livro de Atos para hoje. Sinceramente acredito que as narrativas do livro de Atos têm muito a nos ensinar. Mas é preciso *interpretar* essas narrativas, para fazermos a distinção entre o que é *descritivo* e o que é *normativo*. John Stott expõe claramente sobre esse ponto na introdução do seu comentário ao livro de Atos.[16]

---

[15] Cf. I. Howard MARSHALL. *Atos dos Apóstolos: introdução e comentário*, in: Série Cultura Bíblica, São Paulo: Vida Nova e Mundo Cristão, 1982; reimpr. 1988, p. 20-3.

[16] John R. W. STOTT. *A mensagem de Atos*, in: Série A Bíblia Fala Hoje, São Paulo: ABU Editora, 1990, p. 12.

Se você me perguntasse qual é o modelo que encontramos no livro de Atos para a plenitude do Espírito Santo, eu não diria que é o que ocorreu com os apóstolos no Dia de Pentecoste (Atos 2.1-4), mas sim o que ocorreu com aqueles três mil que creram na palavra de Pedro, aceitaram a palavra, foram batizados e receberam o Espírito Santo no mesmo dia (Atos 2.37-41). Eles foram cheios do Espírito, como os apóstolos haviam sido, mas o processo foi diferente: não mais havia necessidade do som do vento, das línguas de fogo e do falar em outras línguas. Eu creio que ali você tem o padrão da experiência normativa dos crentes vivendo após o período de transição apostólica.

Mais uma vez, não estou dizendo que não podemos aprender com o livro de Atos. Podemos sim. O que temos ali é o exemplo do que o Espírito de Deus pode realizar na vida dos membros de uma comunidade. Porém, não devemos padronizar o modo como isso aconteceu, pois o modo está ligado à situação específica da época. Entretanto, trata-se do mesmo Espírito que hoje habita em nós, e creio que ele pode, hoje mesmo, fazer com que a Igreja seja viva, poderosa, amante da palavra de Deus, caminhe em santidade rumo aos confins da terra levando a sua Palavra em missões.

Por outro lado, não devemos perder de vista — como muitos têm feito — o fato de que, em Efésios 5.18, Paulo nos ensina que a plenitude do Espírito é algo que ocorre progressivamente. Aqui, você tem um imperativo para que seja diariamente cheio do Espírito Santo. Eu creio que esta passagem nos fornece o equilíbrio necessário para considerarmos esse assunto. Muitos irmãos pensam que a Igreja não poderá ter nenhuma realização enquanto não acontecer algo semelhante aos relatos sobre os avivamentos antigos. Mas ouça o imperativo de Paulo. Com avivamento, ou sem avivamento, a ordem permanece: *"enchei-vos do Espírito"* (ARA). Enquanto você espera por um avivamento, encha-se do Espírito.

Esperando em Deus, na aplicação dos meios de graça, cada vez mais você permitirá que o Espírito de Deus tenha o controle de sua vida.

Concluindo, o que temos em Atos são relatos de ocasiões em que o Espírito Santo, de forma inesperada, súbita e espetacular veio sobre indivíduos ou sobre a Igreja reunida, como um vendaval. Ao passo que em Efésios 5.18, fala-se de um *processo diário*, como um vento suave que sopra constantemente.

CAPÍTULO 3

Como ser cheio do Espírito Santo?

No capítulo anterior fizemos algumas considerações sobre *o que é ser cheio do Espírito*. Será que Paulo nos diz alguma coisa sobre *como ser cheio*? Eu penso que sim. Examinemos a passagem de Efésios 5.18 (ARA) para aprendermos, com o apóstolo, o modo pelo qual nos enchemos do Espírito.

A ordem de Paulo

Vamos começar pela própria *ordem* que Paulo nos dá. É significativo que o apóstolo não está sugerindo, pedindo ou recomendando que os crentes se deixem encher pelo Espírito — não, ele está *ordenando*. "Enchei-vos" está no imperativo, o modo que a língua grega usa para expressar comando, ordem.

O modo imperativo pode ocorrer na voz ativa, média ou passiva. A expressão grega usada então, "enchei-vos do Espírito", pode estar na voz passiva ou média. O mais provável é que seja passiva. Neste caso, a tradução seria "sede *enchidos* pelo Espírito". Quero sugerir que talvez esta seja a melhor tradução, e não "enchei-vos do Espírito", como em nossa versão de Almeida. Esta última enfatiza o aspecto reflexivo característico da voz média, ao passo que "sede enchidos" (passivo) enfatiza a ação do Espírito em nós e se harmoniza melhor com o ensino do restante do Novo Testamento sobre a atividade do Espírito na vida do crente.[1]

Há alguma coisa que podemos aprender com o modo de Paulo usar esse verbo. O imperativo é o modo verbal para expressar ordem, inclusive ordem de Deus. Implica necessariamente que Deus espera uma resposta do homem. Não tenham dúvida a respeito do meu calvinismo. Mas o meu calvinismo não me impede de ver que o imperativo de Deus pressupõe uma resposta do homem. Há algo a ser feito. Ainda que seja feito sob a orientação de Deus, há algo a ser feito. Ser cheio do Espírito, portanto, não é uma coisa que acontece normalmente de forma misteriosa, sem que nós tenhamos qualquer participação. Portanto, o imperativo exige uma resposta. Isso é reforçado pelo fato de que, no texto de Paulo, trata-se de um imperativo passivo.

O que Paulo está ordenando é que estejamos abertos, estejamos prontos, estejamos em condição de conceder ao Espírito o total controle da nossa vida. A ordem de Paulo, portanto, é para que sejamos enchidos pelo Espírito. Já ficou claro na carta aos Efésios que o bendito Espírito, a terceira pessoa da Trindade, anela tomar nossas vidas e operar em nós todos os efeitos da obra redentora de Cristo. Somos o templo da sua habitação (Efésios 2.19-22). Ao dizer "deixai-vos encher pelo Espírito" o apóstolo Paulo está dizendo que é preciso que tomemos as providências necessárias para que não haja quaisquer barreiras espirituais colocadas por nós ao controle pleno do Espírito em nossas vidas.

Uma última coisa a respeito da ordem de Paulo é que o imperativo está no tempo presente. E na gramática grega isso indica

---

[1] A maioria das traduções inglesas traduzem no passivo (KJV, RSV, NRSY, NIV, NCV, NASB, TEV, LB, entre outras). Esta é também a tradução da Nova Versão Internacional, cf. "Não se embriaguem com vinho, que leva à libertinagem, *mas deixem-se encher pelo Espírito*".

uma ação contínua, repetitiva, a ser realizada frequentemente. Uma tradução literal seria "sede *continuamente* enchidos pelo Espírito Santo". Isso já nos diz alguma coisa sobre o modo de proceder: é algo a ser feito diariamente, continuamente.

Resolvendo o problema do pecado

Será que Paulo nos dá alguma indicação em Efésios 5.18 de como devemos proceder? Eu creio que sim. Observem que ele não começa o versículo imediatamente com a ordem "enchei--vos do Espírito", mas com outra ordem: "Não vos embriagueis com vinho, em que há dissolução". Ou seja, primeiro temos de resolver o problema da embriaguez, somente depois é que poderemos ser cheios do Espírito Santo. Colocando em outros termos, precisamos, antes de tudo, resolver a questão do pecado, para, em seguida, tratarmos da plenitude do Espírito. Essa é a ordem correta e lógica das coisas. O que Paulo está dizendo é que ninguém pode estar bêbado e cheio do Espírito ao mesmo tempo. Não podemos estar, ao mesmo tempo, sob o controle do vinho e do Espírito.

O "vinho" aqui pode ser substituído por qualquer outra coisa que tenha controle sobre a nossa vida. Troque, por exemplo, a palavra "vinho" por "sexo". A frase ficaria "não vos embriagueis com sexo, mas sede enchidos pelo Espírito". Esta é uma ordem muito apropriada para nossa época. Somos bombardeados diariamente com vários níveis de pornografia pela mídia; somos provocados pela maneira sensual com a qual muitas mulheres se vestem; somos agredidos pela pornografia explícita nas bancas de revista. Os cristãos desta geração, muito mais do que os de gerações passadas, estão sendo submetidos a uma tremenda descarga de material erótico, e não são poucos os que acabam cedendo, pouco ou muito, à imagem sensual, ao devaneio erótico, ao pensamento lascivo, ao consumo da pornografia. Há pessoas que têm se rendido à tentação de ter a mente cheia dessas coisas. Ninguém pode ser controlado ao mesmo tempo pelo desejo sexual *impuro* e pelo Espírito *Santo*. Antes de pensarmos em sermos enchidos pelo Santo Espírito de Deus, é necessário que haja arrependimento, confissão e abandono dessas coisas. Ninguém pode ser dominado pela lascívia, pela imoralidade, pelas fantasias eróticas e, ao mesmo tempo, ser dominado pelo Espírito Santo. As duas coisas são incompatíveis.

Você pode ainda trocar a palavra "vinho" pela palavra "dinheiro". Há cristãos que amam o dinheiro e passam a vida toda correndo atrás dele. Para eles, o mais importante na vida é adquirir estabilidade, segurança para o futuro e ter mais e mais. É esse o alvo que controla suas vidas, decisões, pensamentos, reações e emoções. Nós não podemos servir a dois senhores: ou somos controlados pelo amor ao dinheiro, ou somos controlados pelo Espírito Santo. Não estou dizendo que não devemos trabalhar e suprir as nossas necessidades, as de nossos filhos e das pessoas ao nosso redor. O que estou dizendo é que não devemos fazê-lo como se isso fosse a coisa mais importante da vida, contrariando o que o Senhor Jesus nos ensina em Mateus 6.

Troque ainda a palavra "vinho" pela palavra "rancor". A mágoa é uma das emoções mais gostosas de se sentir. É tão gostoso ficar magoado! Especialmente quando a mágoa vem acompanhada daquele senso de indignação, por nossos direitos terem sido negligenciados, a nossa honra ferida e o nosso nome enlameado. Ah, é tão gratificante quando nos revestimos daquela aura de indignação, queixando-nos de que fomos roubados de nossos direitos, que fomos mal compreendidos, menosprezados. Há pessoas que carregam esse sentimento anos a fio. O rancor controla suas vidas, determina suas reações, dispara um mecanismo de defesa quando se relacionam com as pessoas. Elas não poderão ser controladas pelo Espírito enquanto não resolverem a questão do pecado da mágoa.

Esses foram apenas alguns exemplos. Existem outras coisas que diariamente procuram tomar o controle de nossas vidas. Ao permitirmos que isso ocorra, entristecemos o Espírito (Efésios 4.30) e saímos da influência de seu controle. Se quisermos ser realmente enchidos pelo Espírito, precisamos, diariamente, mortificar as paixões carnais (cf. Gálatas 5.12-26).

Este último ponto está bastante claro no contexto de Efésios 5.18. Esse versículo faz parte de uma passagem maior, que começou em 4.17. A partir disso, na carta, o apóstolo Paulo começou a ensinar à Igreja como ela deveria proceder em santificação, ou seja, como deveria viver a vida cristã.

Você, provavelmente, deve se recordar de que, nos capítulos iniciais dessa carta, Paulo fala dos grandes privilégios e das bênçãos de Deus para a Igreja. A partir do capítulo 4, o apóstolo começa a mostrar como a Igreja deve viver à luz desses privilégios. Em 4.22-24 (ARA), ele diz como a santidade cristã funciona:

> *Quanto ao trato passado, vos despojeis do velho homem, que se corrompe segundo as concupiscências do engano, e vos renoveis no espírito do vosso entendimento, e vos revistais do novo homem, criado segundo Deus, em justiça e retidão procedentes da verdade.*

Há três pontos centrais na passagem:
1) Quanto à sua antiga maneira de viver, os efésios deviam abandonar a velha natureza, como quem se despe de roupas velhas e imprestáveis;

2) Os seus corações e as suas mentes deviam ser completamente renovados;

3) Eles deviam se vestir da nova natureza que Deus criou neles, para serem mais e mais semelhantes a Deus.

Estes três passos, despir-se, renovar-se e revestir-se, seguem uma ordem inalterável. Aqui o apóstolo Paulo usa uma ilustração do dia-a-dia, para demonstrar os passos da vida cristã. Ele usa a ilustração do trocar de roupa, que todos os seus leitores entenderiam, para referir-se à santificação. A santificação é assim, diz o apóstolo Paulo. Você se despe do velho homem e dos seus feitos (4.22), renova-se no espírito do seu entendimento (4.23), e então reveste-se do novo homem (4.24).

Ou seja, a santificação tem dois aspectos: um aspecto *negativo*, em que nós tratamos do problema do pecado, da mortificação da nossa velha natureza e do controle das paixões que procedem da nossa carne; o outro é o aspecto *positivo*, o revestimento das virtudes cristãs, do próprio Cristo, na verdade. Os dois processos acontecem nesta ordem: primeiro despir-se do velho homem e, em seguida, revestir-se do novo homem.

Nos versículos seguintes, Paulo desenvolve esse princípio na prática. Os crentes devem, por um lado, deixar a mentira — despir-se do velho homem — e, por outro, falar a verdade — revestir-se do novo homem (Efésios 4.24). Devem parar de furtar e começar a trabalhar (4.28). A mesma coisa em 4.29, devem parar de dizer palavras torpes e começar a falar o que edifica. Não basta você deixar de falar palavrão — você precisa aprender a dizer coisas que edificam. São os dois lados da santificação.

A aplicação prática deste princípio, do despir-se e revestir-se, continua pelo restante do capítulo 4 e prossegue no capítulo 5, até chegarmos à nossa passagem: "Não vos embriagueis com vinho, em que há contenda, mas enchei-vos do Espírito" (5.18, ARC). Fica claro pelo contexto que Paulo ainda está desenvolvendo, em termos práticos, o princípio da santificação cristã. Ou seja, primeiro deveremos nos despir da embriaguez, seja qual for, e então nos revestirmos do Espírito Santo.

Em 1985, minha esposa e eu estávamos na África do Sul, por causa dos meus estudos, e fomos visitar Kwasizabantu, o centro de um grande avivamento espiritual que havia começado em 1967 na tribo Zulu. Lá, ouvimos uma história interessante. Uma senhora Zulu idosa converteu-se a Cristo e vinha regularmente a todos os cultos. Todos estavam muito felizes por ela, mas havia um pequeno problema: há anos ela não tomava banho. Aquilo começou a criar um problema, pois quando ela entrava no local das reuniões, seu mau cheiro perturbava a todos. Todo mundo sabia que ela havia chegado. As senhoras Zulus crentes resolveram tomar uma providência: reuniram-se, fizeram uma festa para ela, e lhe deram um vestido novo de presente, dizendo que gostariam muito de vê-la com o vestido novo na reunião seguinte. Ela ficou muito feliz e prometeu que na próxima reunião viria trajada assim. E de fato veio. Na reunião seguinte chegou de vestido novo, mas quando entrou e sentou-se, o velho e conhecido mau cheiro estava lá. Ela simplesmente vestira o novo vestido por cima dos trapos!

Isso não funciona com Deus. Ele detecta facilmente o mau cheiro dos nossos pecados não tratados. Ele vê os trapos imundos dos nossos pecados não resolvidos por debaixo da fachada de limpeza que apresentamos. É necessário, antes de tudo, resolver a questão dos trapos imundos da nossa vida, dos nossos relacionamentos sujos, do nosso linguajar impuro, dos nossos pensamentos lascivos, para que então possamos começar a falar em plenitude do Espírito, em avivamento espiritual.

Eu creio que esse ponto é muito importante e deve ser bastante enfatizado. É uma observação que tem quase desaparecido de alguns círculos evangélicos que pregam avivamento. Creio que se desejamos de fato o avivamento, devemos estar conscientes do fato de que primeiro vem este trabalho do Espírito, de quebrantamento, de convicção de pecado, de limpeza, de saneamento de nossa vida, do concílio da igreja, da sua organização. Primeiramente, isso precisa ser resolvido e enfrentado, para que, enfim, possamos ter a plenitude do Espírito de Deus.

Usando os meios de graça

Creio que Paulo nos diz mais alguma coisa em Efésios 5 sobre como podemos ser cheios do Espírito Santo. Após ordenar no versículo 18 "sede continuamente enchidos pelo Espírito", em seguida, nos versículos 19 a 21, o apóstolo menciona quatro ou cinco atividades relacionadas com seu mandamento: "falando entre vós" (5.19), "entoando e louvando" (5.19b), "dando sempre graças" (5.20), "sujeitando-vos uns aos outros" (5.21).

Essas atividades são expressadas por verbos que estão no particípio, um modo do verbo grego que tanto pode expressar a *maneira* quanto o *resultado* em relação ao verbo principal (no caso, "enchei-vos"). Muitos estudiosos competentes têm entendido que os particípios de Efésios 5.19-21 expressam *resultado*, o que vai acontecer em uma Igreja cheia do Espírito: seus membros falarão com salmos, entoarão e louvarão de coração ao Senhor, darão graças por tudo e se sujeitarão uns aos outros no temor de Cristo. E certamente isso não pode ser negado. Eu já mencionei acima que um estilo de vida assim é o efeito do controle do Espírito Santo na nossa vida.

Mas existe a possibilidade de que esses particípios expressem primariamente a *maneira* pela qual podemos nos encher do Espírito. Nesse caso, Paulo diz de que modo poderíamos nos abrir para o controle do Espírito. Pessoalmente, creio ser este o sentido em que os particípios estão sendo usados na passagem.

Uma olhada mais atenciosa revelará que algumas destas coisas são os nossos velhos conhecidos *meios de graça*. A pregação da palavra e a oração estão implícitas na passagem. Paulo aqui nos ensina a buscar o controle do Espírito usando os meios de graça que Deus determinou para a Igreja. Repare no uso contínuo do pronome recíproco "uns aos outros" (5.19,21). Não estou negando o aspecto individual da plenitude do Espírito. Por outro lado, desejo ressaltar que a ênfase primária da passagem é coletiva. Paulo fala de uma Igreja que está se edificando na palavra, onde os membros se exortam mutuamente pela Palavra de Deus; onde louvam a Deus com músicas, com hinos que expressam a verdade de Deus; onde há uma vida de gratidão, de sujeição a Deus; e onde os membros se sujeitam mutuamente. E eu creio que, à medida que a Igreja prosseguir nessa conduta, Deus fará com que sua plenitude habite ricamente na Igreja.

Muitas pessoas acham que essa estratégia é demasiadamente simples. Lendo certos livros, ou escutando determinados pregadores, você tem a impressão de que precisa seguir um método muito mais elaborado e sofisticado do que esse, proposto por Paulo nessa passagem, para obter a plenitude do Espírito. Não faltam modelos trazendo vários passos, diversas chaves, segredos e votos infalíveis para liberar Deus. Entretanto, eu creio que Paulo era mais "descomplicado". O caminho é simples: resolver a questão do pecado e esperar, usando os meios de graça, que Deus venha e tome controle da sua Igreja, que ele nos use diariamente. Creio que esse é o ponto fundamental aqui. E com isso, quero encerrar essa questão do *como* nos encher do Espírito.

CAPÍTULO 4

A importância de sermos cheios do Espírito

Creio que podemos, também, apreender de Efésios 5.18, e de seu contexto, a importância que o apóstolo Paulo atribui à plenitude do Espírito.

Uma ordem a ser obedecida

Eu já mencionei que Paulo ordena que a Igreja seja cheia do Espírito — isso aqui é um imperativo. Paulo não oferece uma *opção* à Igreja. Ser enchida pelo Espírito é um mandamento. Se não estivermos cheios do Espírito, estaremos quebrando este mandamento — e, portanto, pecando — exatamente como faríamos se quebrássemos o mandamento acerca do adultério ou da cobiça. E isto nos leva a fazer algumas considerações sobre o "crente carnal".

Esse conceito é muito popular em nossos dias. De acordo com ele, um "crente carnal" seria alguém que verdadeiramente aceitou a Cristo como Salvador, mas ainda não se entregou a ele totalmente. Antes, vive no mundo, segue valores mundanos e tem prazer nas coisas do mundo. Ele já foi salvo, mas permanece "carnal", procedendo segundo os desejos da sua "carne", da natureza pecaminosa que habita no ser humano. Ele não anda no Espírito, não é controlado pelo Espírito. O que reflete em sua vida são as obras da carne, e não o fruto do Espírito (Gálatas 5.19-23). Essa é a situação de muitos "crentes" da atualidade. Consideram-se salvos, apesar de permanecerem "carnais". Afirmam que importa apenas que sejam salvos — não desejam qualquer galardão.

As passagens bíblicas apresentadas para defender esse conceito são distorcidas ou mal-interpretadas. Uma delas é 1Coríntios 3.11-15, onde Paulo menciona pessoas que, no juízo, terão suas obras queimadas, embora elas mesmas serão salvas como que pelo fogo. É verdade que aqueles que se firmam nos fundamentos da fé serão salvos, apesar de que, em seus ministérios, construíram edifícios de palha e material perecível. Somos os primeiros a afirmar que a salvação é pela graça, mediante a fé, sem as obras da lei. Um obreiro, pastor, evangelista, ou líder que foi um desastre em seu ministério, se crente verdadeiro, será salvo por Deus, como um tição arrancado do fogo, arrancado daquela chama que consumirá sua obra (Amós 4.11; Zacarias 3.2). A essência da passagem revela que será difícil para os que pervertem e corrompem o cristianismo serem salvos. A passagem não ensina que aqueles que viveram vidas imorais, impuras, chafurdando no lodaçal do pecado, serão salvos sem galardão ou recompensa.

Uma outra passagem é 1Coríntios 3.1-3, em que Paulo se dirige aos crentes de Corinto chamando-os de "carnais". Entretanto, fica evidente que, por essa expressão, Paulo se refere à *compreensão* que tinham do Evangelho: neste sentido, eram "crianças em Cristo". Os coríntios, devido ao tempo, já deviam ter compreendido as implicações da cruz e, se o assim fosse, não estariam divididos entre si. Mas, porque não possuíam essa percepção, eram crianças na compreensão, o que resultava em todos aqueles problemas. Paulo não lhes podia falar como a crentes espirituais (3.1), como costumava falar em outros lugares (2.16). O apóstolo, entretanto, não esperava que eles continuassem daquele jeito, mas sim que crescessem (13.11; 14.20). Não existe nenhuma passagem no Novo Testamento que garanta a salvação a quem vive no pecado e não quer mudar de vida e crescer em santidade. *"Sem a santidade ninguém verá o Senhor"* (Hebreus 12.14; cf. Romanos 6.22; 2Coríntios 6.17;7.1; Filipenese 3.12; 1Tessalonicenses 3.13; 4.7).

Portanto, ser cheios do Espírito não é uma opção que temos como Igreja. É uma ordem de Deus aos seus filhos e filhas, para que diariamente ofereçam sua vida em sacrifício vivo, santo e agradável a ele, que é o nosso culto racional, mediante o qual o Espírito vem tomar controle da nossa vida. É um imperativo, e é tão pecaminoso não estar cheio do Espírito Santo quanto viver em adultério. Naturalmente, as implicações práticas dessas duas coisas são diferentes; mas assim como há um imperativo para que nós não adulteremos, também há um imperativo para que nós não vivamos de outra maneira, a não ser enchidos pelo Espírito.

Experiências passadas não bastam

A importância que Paulo atribui à sua ordem, para que a Igreja seja continuamente cheia do Espírito, fica ainda mais evidente quando nos lembramos da história da igreja de Éfeso. Seus membros haviam experimentado, antes de Paulo lhes escrever esse mandamento, manifestações extraordinárias do Espírito Santo, num grau indiscutivelmente maior do que aquilo que nós hoje estamos habituados a ver. Lemos em Atos 19 que, quando Paulo esteve pregando em Éfeso, o Espírito Santo veio sobre alguns discípulos de João que moravam lá, os quais, tanto falaram em línguas quanto profetizaram (Atos 19.1-7). O poder miraculoso de Deus acompanhou o ministério de Paulo em Éfeso a ponto de — e isso só aconteceu em Éfeso — as pessoas levarem os lenços e os aventais de Paulo aos doentes e endemoninhados e, com isso, estes se libertavam dos espíritos e das doenças. Lucas se refere a esses milagres como "extraordinários". É aqui a única vez no Novo Testamento em que lemos essa expressão (Atos 19.11).

A igreja de Éfeso conheceu manifestações extraordinárias do Espírito. Entretanto, escrevendo àquela comunidade, cerca de três ou quatro anos depois, Paulo ordenara-lhes: "Enchei-vos do Espírito" (ARA). É instrutivo observar que o apóstolo não considerou que aquelas experiências vivenciadas pela igreja haviam tornado desnecessário o enchimento diário do Espírito Santo. Ele considerou que mesmo os crentes de Éfeso, que haviam experimentado aquelas manifestações incomuns do poder miraculoso de Deus, precisavam diariamente se encher do Espírito Santo.

O que desejo destacar é que experiências espirituais de crise — refiro-me àquelas experiências religiosas que ocorrem subitamente, em meio à profunda emoção, e até mesmo acompanhadas de fenômenos incomuns — não descartam a necessidade do enchimento diário do Espírito. Experiências críticas vêm e vão, elas podem nem mesmo acontecer! Por mais preciosas que sejam, a Igreja não pode viver por elas. Devemos estar prontos para reconhecê-las, quando realmente ocorrem vindas do céu. Porém, não devemos determinar e guiar nossas vidas por elas.

Colocando em termos mais claros, não há qualquer promessa nas Escrituras de que Deus sempre haverá de derramar do seu Espírito sobre uma igreja local, produzindo como resultado transformações espetaculares de vidas, conversões em massa ou fenômenos espirituais incomuns. Porém, existe uma *ordem* de Deus para que os crentes se deixem, diariamente, controlar pelo Espírito Santo. Não podemos viver à espera daquilo que talvez não ocorra, desprezando o que já está ordenado e certo.

Devemos orar por reavivamentos em massa, pela conversão das pessoas, pelo crescimento da Igreja — e sabemos que estas coisas ocorrem de forma intensa durante avivamentos. Mas, enquanto o avivamento não vem, temos uma ordem a cumprir: andar diariamente sob o controle do Espírito. Avivamento é um evento, uma crise, um momento específico — o enchimento do Espírito, mencionado por Paulo em Efésios 5.18, é mais um processo diário, sem que manifestações externas espetaculares ocorram necessariamente. Entretanto, o fruto do Espírito será sempre visível na vida da Igreja.

A Igreja não pode viver de experiências passadas. O maná que o povo de Deus colhia no deserto não servia para o dia seguinte, e o que fora colhido no dia anterior não serviria para o presente momento. Diariamente, a Igreja deve buscar pelo pão do céu por intermédio dos meios de graça, mediante o controle do Espírito Santo na sua vida.

A vida cristã depende do enchimento do Espírito

Deixe-me desenvolver ainda um outro ponto, que certamente destacará ainda mais a importância dessa ordem para a vida da Igreja.

O ponto é este: toda a passagem de Efésios 5.22—6.9, na qual Paulo menciona os deveres no casamento, na família e na sociedade, está diretamente ligada à ordem para que sejamos cheios do Espírito, em 5.18.[1] Essa relação não está muito clara na maioria das nossas traduções em português, visto que os versículos 21 e 22 foram separados por um subtítulo inserido pelos tradutores, que geralmente é *"O lar cristão: marido e mulher"*. A intenção dos tradutores era a melhor possível: ajudar os leitores a compreender sobre que assunto Paulo trataria em 5.22-32. Mas, infelizmente,

---

[1] Uma análise mais profunda desse ponto pode ser encontrada em Augustus Nicodemus Lopes & Minka Lopes. A Bíblia e sua família. São Paulo: Editora Cultura Cristã, 2004.

cortaram ao meio o fluxo do argumento de Paulo e a relação de 5.18 com 5.21, e a relação de 5.22 com 6.9 ficou incerta, ou mesmo imperceptível.

A verdade é que Paulo não começa um assunto novo a partir do versículo 22. Ele não está começando a falar simplesmente sobre os deveres domésticos após haver concluído o que tinha a dizer sobre plenitude do Espírito. De forma alguma! Ele dá continuidade ao tema da plenitude do Espírito, que havia iniciado no versículo 18. O que ele tem a dizer sobre o lar cristão está intrinsecamente ligado a esse tema. O subtítulo obscurece a linha do pensamento do apóstolo Paulo. A prova é que os tradutores foram obrigados a inserir no versículo 22 a expressão *"sejam submissas"* (ARA). No original grego, os versículos 21 e 22 estão assim: *sujeitando-vos uns aos outros no temor de Cristo; as mulheres, a seus próprios maridos, como ao Senhor"*.

O ponto, de fato, é: em Efésios 5.22—6.9, Paulo está fazendo uma exposição do versículo 21. No versículo 21 ele diz: *"Sujeitando-vos uns aos outros no temor de Cristo"*, e então passa a dissertar sobre isso em termos práticos: *a mulher, sujeitando-se ao marido* (5.22). E como é que o marido cumpriria esse mandamento? Amando a sua esposa, se entregando por ela, assim como Cristo também amou sua igreja e se entregou por ela (5.25). Naturalmente, aprouve a Deus atribuir ao homem o papel de cabeça da mulher, na economia da salvação, com reflexos na família e na igreja. Porém, não devemos esquecer o contexto mediante o qual Paulo relembra às esposas e aos maridos os seus respectivos papéis, ou seja, o de sujeição mútua. O marido cumpre esse mandamento com relação a sua esposa amando-a, se entregando e se sacrificando por ela, e, assim, os dois vivem em sujeição mútua diante de Cristo.

Em Efésios 6.1, Paulo menciona a sujeição dos filhos a seus pais. Estes, por sua vez, cumprem o mandamento da sujeição mútua não provocando seus filhos à ira, mas criando-os na disciplina e na admoestação do Senhor (6.4). Em 6.5-9, o apóstolo mostra como a sujeição mútua se cumpre nas relações trabalhistas e sociais: "*quanto a vós outros, servos, obedecei a vosso senhor segundo a carne...*" (6.5). Repare na ideia de sujeição. Quanto aos patrões, eles cumprem esse mandamento procedendo de forma justa e digna para com os seus servos, deixando as ameaças (6.9). Paulo está ensinando à Igreja como eles viverão, em termos práticos, o mandamento do versículo 21 referente à família, à criação dos filhos e à sociedade, ou seja: "sujeitando-vos uns aos outros".

O que desejo é esclarecer a relação existente na passagem entre plenitude do Espírito e todos esses aspectos da vida. Em última análise, a vida no casamento, a vida na família e os relacionamentos sociais são uma função do mandamento "*enchei-vos do Espírito*". Creio que isso revela como é importante que a Igreja viva cheia do Espírito Santo.

Mais uma coisa: a relação entre a plenitude do Espírito e o relacionamento familiar e social nos fornece um critério seguro pelo qual podemos reconhecer uma verdadeira operação do Espírito Santo. Enquanto para muitos um avivamento significaria o excitamento religioso e as manifestações extraordinárias dos dons espirituais, para Paulo, o avivamento está, de muitos modos, relacionado com a atuação correta por parte dos membros de uma determinada igreja nos diferentes papéis que desempenham, como cônjuges, filhos, pais, patrões e empregados.

Em outras palavras, nós não deveríamos ficar tão impressionados com igrejas cujos líderes e membros afirmam ter tido visões, sonhos, revelações, ou curado doentes e ressuscitado mortos, quanto deveríamos nos impressionar com uma igreja cujos membros vivem em sujeição mútua. A questão não é tanto se as mulheres casadas da Igreja estão sendo usadas em profecia, línguas e revelações, quanto se estão sujeitas aos seus maridos. A questão não é tanto se os homens da Igreja têm unção suficiente para ressuscitar os mortos, mas se amam as suas esposas, criam seus filhos nos caminhos do Senhor, são bons empregados e tratam seus empregados com justiça e dignidade. A questão não é tanto se os jovens da Igreja estão envolvidos em muitos ministérios diferentes, mas se são sujeitos a seus pais e às autoridades da Igreja. Ou seja, nessa passagem, Paulo nos mostra qual a ênfase bíblica de uma genuína operação do Espírito Santo.

CAPÍTULO 5

Vários batismos e várias experiências

Acho também necessário comentar sobre o batismo com o Espírito Santo, uma questão já bastante debatida nos meios evangélicos no Brasil. Como já tentei mostrar nos capítulos anteriores, creio que a plenitude do Espírito Santo é uma experiência que ocorre repetidas vezes após a conversão e que, às vezes, pode ocorrer de forma muito definida e distinta, a ponto de podermos falar de uma experiência marcante. Muitos evangélicos que também creem assim estão prontos a chamar essas experiências de "batismo com o Espírito Santo". A minha indagação neste capítulo é se tal terminologia teria suporte bíblico.[1]

A discussão sobre o assunto tem sido, às vezes, conduzida em torno das afirmações do (já falecido) dr. Martyn Lloyd-Jones e do dr. John Stott. Mais particularmente, o debate tem girado em torno das suas interpretações da conhecida passagem de Paulo em 1Coríntios 12.13: "Pois em um só corpo todos nós fomos batizados em um único Espírito, quer judeus, quer gregos, quer escravos, quer livres. E a todos nós foi dado beber de um

---

[1] O material deste capítulo foi publicado em sua quase totalidade em *Fides Reformata* 1/1,1996, com o título Martyn Lloyd-Jones, John Stott, e 1Coríntios 12.13: O debate sobre o batismo com o Espírito Santo.

único Espírito". A passagem é crucial para o debate, já que é a única, fora dos Evangelhos e de Atos, que reúne palavras como "todos", "Espírito", "batizar", "corpo" e "beber". Alguns defensores do batismo com o Espírito Santo como uma experiência distinta da conversão referem-se ao dr. Lloyd-Jones como exemplo de um teólogo reformado que defende essa posição. Aqueles que creem no contrário fazem referência ao dr. Stott como um teólogo de renome mundial que sustenta ser o batismo com o Espírito Santo equivalente à conversão.

Façamos duas observações iniciais sobre essa realidade. A primeira é que o debate sobre o batismo com o Espírito Santo tem encontrado muitos outros participantes ilustres além de Lloyd-Jones e Stott. Existem muitos livros e artigos defendendo uma e outra posição escritos por teólogos conhecidos e de diferentes argumentações teológicas, até mesmo persuasivas. O fato de, no Brasil, essa polêmica desenvolver-se em torno dos nomes de Lloyd-Jones e Stott é porque ambos tiveram suas obras traduzidas para o português e outros não. E a segunda observação decorre deste último ponto: a doutrina do batismo com o Espírito Santo não é a principal ênfase dos ministérios de Lloyd-Jones e Stott.[2] Ambos falaram e escreveram sobre muitos outros assuntos. Mas, na realidade, no Brasil, devido à escassez de obras de autores nacionais esclarecendo o assunto e que possuam uma posição definida, e também por causa das poucas traduções em português de livros sobre o tema, o debate tenderia mesmo a se desenvolver em torno desses dois nomes.

Também é importante ressaltar que esses dois importantes líderes não se envolveram pessoalmente em disputa pública sobre

---

[2] Lloyd-Jones só tratou deste assunto ao deparar, no decorrer de suas mensagens em série sobre um livro da Bíblia, com passagens diretamente relacionadas com o tema, como, por exemplo, Efésios 1.13 e Romanos 8.16.

esse ponto específico. São alguns dentre os seus seguidores e admiradores que têm usado seus escritos para debater as diferenças que a discussão moderna sobre o assunto tem apontado. Lloyd--Jones e Stott, na verdade, estiveram envolvidos em outro tipo de polêmica, mais especificamente com relação à doutrina da igreja cristã e a unidade dos evangélicos.[3] Analisaremos suas diferentes contribuições nos capítulos que se seguem.

Lloyd-Jones e 1Coríntios 12.13

Vamos começar com Martyn Lloyd-Jones, por uma questão de cronologia. Sua opinião sobre o batismo com o Espírito Santo e sua interpretação de 1Coríntios 12.13 podem ser encontradas em três de suas principais obras. A primeira delas é *God's Ultimate Purpose* [O propósito final de Deus], o primeiro volume de sua famosa série de sermões sobre a carta aos Efésios ministrados nos anos de 1954 a 1955, durante seu ministério na Capela de Westminster, Londres.[4] Ele disserta sobre Efésios 1.13 em seis capítulos, então aborda o tema do batismo com o Espírito Santo.[5] Também o faz

---

[3] As diferenças entre ambos chegaram a um ponto crítico em 1966, durante o culto de abertura da Evangelical Alliance, em Londres. Lloyd-Jones era o conferencista principal, e Stott o *chairman* coordenador do evento. A diferença se deu após a mensagem de abertura de Lloyd-Jones, quando Stott publicamente repudiou a sugestão de Lloyd-Jones de se formar uma nova união de evangélicos. V. os detalhes em Iain MURRAY, *David Martyn Lloyd-Jones: The Fight of Faith* [A luta da fé], 1939-1981, Edinburgh: Banner of Truth, 1990, p. 522-7.

[4] D. Martyn LLOYD-JONES. *God's Ultimate Purpose: An Exposition of Ephesians 1.1 to 23* [O propósito final de Deus, uma exposição de Efésios 1.1-23]. Grand Rapids: Baker Book House, 1978; reimpr., 1979. Toda a série em Efésios já está disponível em português pela Publicações Evangélicas Selecionadas. Aqui citaremos as obras em inglês, que foram objeto de nossa pesquisa.

[5] LLOYD-JONES. *God's Ultimate Purpose*, p. 243-300.

no volume da sua série sobre Romanos, intitulada *The Sons of God* [Os filhos de Deus], a respeito de Romanos 8.5-17.[6] Esse volume contém os sermões ministrados durante os anos 1960-1961, dos quais oito tratam de Romanos 8.16,[7] uma passagem que, segundo Lloyd-Jones, refere-se ao batismo com o Espírito Santo. Por fim, em seu livro *Joy Unspeakable* [Alegria indizível], publicado em 1984, que é a transcrição de vinte e quatro sermões ministrados em 1964 na Capela de Westminster, Inglaterra, numa série sobre João 1.26-33,[8] Lloyd-Jones trata de forma detalhada da sua posição sobre o batismo com o Espírito Santo e de 1Coríntios 12.13.[9] Procuraremos resumir, partindo dessas fontes, a sua interpretação da passagem.[10]

O contexto do ensino de Lloyd-Jones

Devemos estar conscientes do contexto em que Lloyd-Jones aborda esse assunto. Ele reagia às duas tendências de sua época, as quais considerava perniciosas para a vida da Igreja: em primeiro lugar, o nascente movimento de "línguas", ou carismático,

---

[6] D. Martyn LLOYD-JONES. *Romans: An Exposition of Chapter 8.5-17: The Sons of God* [Romanos: Uma exposição sobre o capítulo 8.5-17: os filhos de Deus]. Grand Rapids: Zondervan, 1974; 8. reimpr., 1982.

[7] LLOYD-JONES. *The sons of God*, p. 285-399.

[8] D. Martyn LLOYD-JONES. *Joy Unspeakable: Power & Renewal in the Holy Spirit*. Illinois: Harold Shaw Publishers, 1984, p. 13.

[9] Os demais sermões da série foram publicados no livro *Prove All Things* [Ponha todas as coisas à prova], London: Kingsway, 1985, onde Lloyd-Jones apresenta os critérios bíblicos mediante os quais podemos avaliar as manifestações espirituais quanto à sua autenticidade. No Brasil, *Joy Unspeakable* tem recebido muito mais ênfase, ao passo que *Prove All Things*, que é o seu complemento indispensável, é menos conhecido.

[10] Para uma exposição e análise do ensino de Lloyd-Jones sobre o batismo com o Espírito Santo, v. Michael A. EATON. *Baptism with the Spirit the Teaching of Dr. Martyn Lloyd-Jones*. London: Intervarsity Press, 1989. V. tb. MURRAY, *Lloyd-Jones*, p. 483-92.

em Londres, cujos proponentes reivindicavam terem sido "batizados com o Espírito" e colocavam a ênfase maior no falar línguas extáticas.[11] Lloyd-Jones frequentemente adverte contra os perigos do fanatismo, misticismo, e abusos nessa área,[12] fato que às vezes tem sido esquecido por alguns que usam seus escritos para promover práticas e desenvolver conceitos carismáticos.

Mas, por outro lado, Lloyd-Jones enfrentava ao mesmo tempo um tipo de ensino aparentemente ortodoxo que considerava ainda mais pernicioso à vida da Igreja do que os excessos dos carismáticos. Basta que leiamos os capítulos 21 a 25 do seu livro *God's Ultimate Purpose* para verificarmos que, na maioria das vezes, ele está reagindo não aos excessos do movimento carismático eminente, mas ao tipo de ensino que dizia que os crentes já tinham recebido tudo por ocasião da sua conversão e não mais precisavam buscar a plenitude do Espírito ou um nível maior de vida espiritual.[13] Era esse cristianismo antiemocional e intelectualista que prevalecia nas igrejas evangélicas reformadas da Inglaterra. Para muitos pastores e estudiosos daquela época, todos os crentes já haviam recebido tudo do Espírito na sua conversão, e o que restava a fazer era apropriar-se desses benefícios gradativamente, na vida cristã.[14] Para eles, quase todos os aspectos da obra redentora e santificadora do Espírito Santo ocorriam num âmbito não "experienciável",[15]

---

[11] Por "línguas extáticas" refiro-me à prática de se pronunciar sons desconexos e sem sentido, em contraste a "idiomas".

[12] V., por exemplo, *Prove All Things*, p. 47-49; 57-59; 85, 95-97; etc. V. tb. *Joy Unspeakable*, p.18.

[13] MURRAY, *Lloyd-Jones*, p. 486.

[14] Essas ideias haviam sido defendidas particularmente por Stott em seu livro *Baptism and Fullness of the Spirit*. Lloyd-Jones havia lido e feito anotações desta obra antes de pregar a série de mensagens que deram origem ao livro *Joy Unspeakable*.

[15] Emprego esse neologismo "experienciável" na tentativa de melhor expressar o sentido da palavra inglesa "experimental".

e características recebidas de atividades do Espírito como o "selo" (cf. Efésios 1.13) e o "testemunho ao nosso espírito" (cf. Romanos 8.16) eram encaradas como algo que se processa em um nível intelectual, ou acima da nossa capacidade de sentir ou experimentar. Outros ensinavam que todas essas coisas eram algo a ser adquirido "pela fé", independentemente dos sentimentos ou das emoções.

Para Lloyd-Jones, esse tipo de ensino era responsável em grande parte pelo fato de a maioria dos cristãos na Europa desconhecerem um cristianismo vigoroso, "experienciável", e de praticarem uma religião fria, sem emoção e destituída de vigor e vida. Como pastor de formação puritana, Lloyd-Jones reagiu fortemente a esse tipo de ensino que acabava por negar o caráter "experienciável" da fé em Cristo e o lugar das emoções na experiência cristã. Mas o seu maior conflito com esses teólogos era que tal ensinamento, na sua opinião, não deixava lugar para reavivamentos espirituais, para novos derramamentos do Espírito sobre a Igreja.

Por esse motivo, abordou o assunto do batismo com o Espírito Santo sobretudo em reação à frieza espiritual da sua época, mais do que em reação ao movimento carismático, que estava apenas começando naqueles dias.

O selo do Espírito e o batismo com o Espírito

Ao fazer a exposição sobre Efésios 1.13, "vocês foram selados em Cristo com o Espírito Santo da promessa", Lloyd-Jones prossegue na interpretação de alguns teólogos Puritanos (Thomas Goodwin, John Owen, Charles Simeon, Richard Sibbes) e do famoso Charles Hodge, de Princeton, que defendiam que esse "selo" não é a mesma coisa que a conversão e pode ocorrer posteriormente.[16] A principal

[16] LLOYD-JONES. *God's Ultimate Purpose*, p. 248-9, 283.

ênfase de Lloyd-Jones em sua exposição dessa passagem é que esse "selo" é algo que pode ser experimentado, sentido e identificado pelos crentes, e que não se trata de algo que já ocorreu automaticamente com todos eles no momento da sua conversão. Como demonstração, ele menciona experiências de personagens famosos na história da Igreja, como John Flavel, Jonathan Edwards, D. L. Moody, Christmas Evans, George Whitefield e John Wesley.[17]

Trata-se de uma experiência, diz Lloyd-Jones, e não de um processo. Assim, é algo que deve ser buscado individualmente.[18]

Também não devemos confundir o "selo" com plenitude do Espírito e nem com santificação;[19] o "selo" também não é algo a ser "obtido pela fé", como ensinam alguns pregadores e escritores;[20] antes, funciona como uma autenticação de Deus de que de fato pertencemos a ele, algo semelhante ao ocorrido com o Senhor Jesus quando foi batizado (compare João 1.32-34 com 6.27).[21]

Lloyd-Jones identifica esse "selo" do Espírito com o "batismo" do Espírito, experimentado pelos apóstolos no dia de Pentecostes e ainda pelos samaritanos, Cornélio e sua casa, e os discípulos de João Batista em Éfeso.[22]

O testemunho do Espírito e o batismo com o Espírito

Em sua exposição de Romanos 8.16, Lloyd-Jones afirma que o testemunho do Espírito ao nosso próprio espírito é mais do que o resultado de um processo racional, pelo qual o crente chega à certeza da salvação. Segundo ele, trata-se de uma certeza dada de

---

[17] Idem, ibidem, p. 275-8. V. tb. LLOYD-JONES. *The Sons of God*, p. 315-23.
[18] LLOYD-JONES. *God's Ultimate Purpose*, p. 248-50, 267-8.
[19] Idem, ibidem, p. 261-3.
[20] Idem, ibidem, p. 294-5.
[21] Idem, ibidem, p. 246-7; v. tb. p. 265.
[22] Idem, ibidem, p. 249, 264, 274.

forma imediata (sem o uso de meios) pelo Espírito, diretamente à nossa consciência. Portanto, é algo da mesma ordem que o "selo" ou batismo com o Espírito.[23] É algo distinto da conversão, que ocorre após a mesma, às vezes em um intervalo de tempo extremamente breve.[24]

1Coríntios 12.13

Lloyd-Jones está consciente de que alguns apelarão para 1Coríntios 12.13 a fim de contradizer seu ponto de vista. Para ele, a passagem ensina de fato que o Espírito Santo batiza o crente, colocando-o no corpo de Cristo que é a Igreja, e que isso ocorre no momento da conversão, portanto, todos os cristãos já participaram dessa atividade do Espírito. Porém, argumenta, esse "batismo" de 1Coríntios 12.13 não é o mesmo "batismo" ou "selo" do Espírito do qual estamos falando. O que ocorre é que a palavra "batismo" é empregada no Novo Testamento com vários sentidos diferentes.[25] Para ele, o batismo *pelo* Espírito em 1Coríntios 12.13 significa o ato pelo qual o Espírito nos incorpora à Igreja e, portanto, é idêntico à conversão. Já nos Evangelhos, e principalmente em Atos, o batismo *com* o Espírito refere-se a uma experiência pós-conversão, confirmatória e autenticadora em sua essência.[26]

Lloyd-Jones argumenta que uma das diferenças decisivas entre 1Coríntios 12.13 e as passagens em Atos sobre o batismo com o Espírito Santo é quanto ao *agente do batismo*, ou seja, a pessoa que batiza. Ele acredita que, na frase "todos nós fomos batizados *em* um único espírito", a preposição "em", no grego,

---

[23] LLOYD-JONES. *The Sons of God*, p. 296-300.
[24] Idem, ibidem, p. 310.
[25] Cf. Lucas 12.50.
[26] LLOYD-JONES. *God's Ultimate Purpose*, p. 267-8. V. tb. *The Sons of God*, p. 314; *Joy Unspeakable*, p. 173-9.

tem força instrumental e deve, portanto, ser traduzida "por um único Espírito", e não "em um único Espírito". Ele argumenta que "por" é a tradução da maioria das versões em inglês e que a preposição ocorre em várias outras ocasiões no Novo Testamento com a mesma força instrumental; ele cita Mateus 7.6; 26.52; Lucas 1.51; e Romanos 5.9. Ele ainda indica várias outras autoridades na área da exegese que mantêm essa opinião.[27] Ele conclui que, em 1Coríntios 12.13, é *o Espírito* quem nos batiza no corpo de Cristo. Nas demais passagens, o agente é o Senhor Jesus. É *ele* quem nos batiza com o Espírito, o que é algo muito diferente. A confusão existe pelo fato de que usa-se a mesma palavra, ou seja, "batismo".[28] Em 1Coríntios 12.13, ela se refere à conversão, mas a uma experiência posterior à conversão nas demais passagens e, portanto, distinta da mesma.

Era Lloyd-Jones um carismático?

Em resumo, para Lloyd-Jones, o batismo com o Espírito é uma experiência do Espírito, na qual ele concede ao crente plena certeza de fé, e deve ser identificada com o selo e o testemunho do Espírito, como mencionados por Paulo. Essa experiência resulta em poder e ousadia que, por sua vez, capacitam o crente a testemunhar eficazmente de Cristo.

É extremamente importante notar que o pensamento de Lloyd-Jones sobre o selo ou batismo do Espírito é radicalmente diferente da posição pentecostal clássica e da posição neopentecostal. Lloyd-Jones não vê nenhuma evidência bíblica de que essa experiência deva ser acompanhada pelo falar em línguas e pelo profetizar, ou por qualquer outra manifestação extraordinária.

---

[27] LLOYD-JONES. *Joy Unspeakable*, p.174-6.
[28] LLOYD-JONES. *The Sons of God*, p. 31 4-5; *Joy Unspeakable*, p. 177.

Na verdade, ele chama a atenção para o fato de que muitos dos dons concedidos no início da igreja cristã não haviam sido mais concedidos no decorrer dessa mesma história. Ele aponta para o fato de nenhum dos grandes nomes da história da Igreja, conhecidos como tendo passado por experiências profundas com o Espírito (que ele considera como tendo sido esse o "selar" ou "batizar" do Espírito), terem manifestado esses dons, como línguas, profecias, ou milagres. Para Lloyd-Jones, o ponto essencial dessa experiência também não é a capacitação de poder, como enfatizado em alguns círculos evangélicos, mas a *certeza* dada de forma direta, pelo Espírito, de que somos filhos de Deus.[29]

Na realidade, ao mesmo tempo em que reagia contra o cristianismo frio e árido de sua época, ele também combatia várias ênfases do nascente movimento carismático. Talvez o único ponto em que Lloyd-Jones estivesse de acordo com eles é que o "selo" (batismo) do Espírito é algo distinto da conversão e ocorre após a mesma.[30] As diferenças quanto ao propósito e às evidências desse evento são por demais distintas das convicções pentecostais-carismáticas para que venhamos a classificar Lloyd-Jones entre eles.

Conclusão

Parece-me, concluindo, que a dificuldade com a posição de Lloyd-Jones é fundamentalmente uma questão de terminologia. Creio que ele está correto em sua tese fundamental. Ou seja, a plenitude das bênçãos espirituais que recebemos em nossa conversão não elimina, necessariamente, a possibilidade de termos experiências espirituais profundas subsequentes, que envolvam o

---

[29] LLOYD-JONES. *God's Ultimate Purpose*, p. 280-2.
[30] Mas, mesmo assim, Lloyd-Jones deixa claro que o intervalo de tempo entre as duas coisas pode ser extremamente curto, cf. ibid., p. 253-4.

crente como um todo, atinjam suas emoções e transformem sua vida, conduzindo-o a níveis ainda mais elevados de vida cristã. A história eclesiástica demonstra eloquentemente a possibilidade dessas experiências.

Porém, não estou convencido de que possamos usar a terminologia do "batismo com o Espírito Santo" para designá-las. Essa terminologia, em minha opinião, foi utilizada para expressar, no início da Igreja, os eventos únicos relacionados com as etapas da universalização do Reino, relatos esses expostos no livro de Atos. À parte do que está narrado no livro de Atos, as Escrituras não aparentam reconhecer qualquer intervalo entre a conversão e o batismo com o Espírito Santo. Assim, a expressão é corretamente empregada hoje para designar a experiência universal de todos os crentes ao receberem a Cristo, pela fé, em seus corações. Ao mesmo tempo, é de se lamentar profundamente que, ao reagir contra os abusos e exageros de muitos que professam ter recebido um "batismo com o Espírito", vários estudiosos conservadores tenham adotado uma posição onde há pouco ou nenhum lugar para novos derramamentos do Espírito, para reavivamentos e experiências espirituais profundas e ricas com Deus.

CAPÍTULO 6

Um só batismo

Neste capítulo veremos a opinião de John Stott sobre o batismo com o Espírito. Conhecido pregador e escritor, Stott é ministro da Igreja Anglicana da Inglaterra. Em 1964, ele proferiu uma série de estudos em uma conferência para líderes evangélicos sobre a obra do Espírito Santo, os dons espirituais e, especialmente, sobre o batismo com o Espírito Santo. Essas palestras foram uma reação de Stott ao crescente pentecostalismo dentro da sua própria paróquia.[1] As palestras chegaram ao grande público em 1966, num livreto intitulado *The Baptism and Fullness of the Holy Spirit*,[2] após a publicação dos sermões de Lloyd-Jones sobre o assunto. Dez anos depois, Stott publicou uma segunda edição, intitulada *Baptism & Fullness: The Work of the Holy Spirit Today* [Batismo & plenitude: a obra do Espírito Santo hoje],[3] em que ampliou algumas partes

---

[1] Esses eventos se encontram narrados em MURRAY, *Lloyd-Jones*, p. 485. Embora essa biografia seja sobre Lloyd-Jones, Murray narra em detalhes fatos relacionados com as principais figuras evangélicas da Inglaterra envolvidas com o seu ministério.

[2] John R. W. STOTT. *The Baptism and Fullness of the Holy Spirit*. Illinois: Intervarsity Press, 1964 [**Batismo e plenitude do Espírito Santo**, **Vida Nova, 2001**].

[3] John R. W. STOTT. *Baptism & Fullness: The Work of the Holy Spirit Today*. Illinois: Intervarsity Press, 1975.

que precisavam de mais clareza e fundamentação, sem, entretanto, alterar seu ponto de vista.[4] Nela,[5] Stott trata dos principais aspectos da obra do Espírito relacionados com a polêmica moderna, tais como a promessa do Espírito, o batismo do Espírito, a plenitude, o fruto e os dons do Espírito. Procuraremos nos concentrar na sua interpretação de 1Coríntios 12.13.

Uma experiência iniciatória

Stott argumenta que a expressão "batismo com o Espírito Santo", que ocorre sete vezes no Novo Testamento, é equivalente à expressão "o dom do Espírito Santo" que também é encontrada em Atos 2.38 e refere-se à experiência iniciatória da qual participam todos os que se tornam cristãos.[6] O próprio conceito de "batismo com água" é iniciatório, sendo o ritual público de introdução na Igreja, e está intimamente associado ao batismo com o Espírito Santo, como sugere Atos 10.47; 11.16 e 19.2,3.[7] Ele argumenta que a linguagem empregada por Paulo para descrever a experiência cristã com o Espírito, como "estar no Espírito", "ter o Espírito", "viver pelo Espírito" e "ser guiado pelo Espírito", é aplicada nas cartas do apóstolo a todos os cristãos indistintamente, até mesmo aos recém-convertidos, a partir do momento em que se tornam cristãos. O Novo Testamento, Stott continua, presume que Deus tem concedido o Espírito a todos os cristãos (cf. Romanos 8.9,14; Gálatas 5.25).[8]

Das sete vezes em que a expressão "ser batizado com o Espírito Santo" ocorre no Novo Testamento, somente uma está fora dos

---

[4] Idem, ibidem, p. 9.
[5] As referências serão feitas à obra original em inglês, em sua 2ª edição.
[6] STOTT. *Baptism & Fullness*, p. 36-8.
[7] Idem, ibidem, p. 37.
[8] STOTT. *Baptism & Fullness*, p. 38.

Evangelhos e de Atos. Stott lembra que, nos Evangelhos, a expressão aparece quatro vezes nos lábios de João Batista, ao descrever o ministério do Senhor Jesus: "ele os batizará com o Espírito Santo" (Mateus 3.11; Marcos 1.8; Lucas 3.16; João 1.33). Em Atos é aplicada uma vez pelo Senhor ao Pentecoste (Atos 1.5), e outra vez por Pedro à conversão de Cornélio, citando as palavras do Senhor Jesus (Atos 11.16).

A sétima ocorrência está em 1Coríntios 12.13 (ARA): *"Pois em um só corpo todos nós fomos batizados em um único Espírito, quer judeus, quer gregos, quer escravos, quer livres. E a todos nós foi dado beber de um único Espírito"*. Stott contesta que, aqui, Paulo esteja se referindo ao dia de Pentecostes, já que nem ele nem os coríntios participaram daquele evento histórico. Paulo se refere à participação nas bênçãos que o Pentecoste tornou possível aos cristãos. Ele e os coríntios tinham recebido o Espírito Santo; aliás, para usar a terminologia de Paulo, tinham sido "batizados" com o Espírito Santo e tinham "bebido" desse mesmo Espírito.

Stott aponta para o fato de Paulo estar enfatizando a unidade no Espírito no contexto da passagem, em contraste deliberado com a *variedade* dos dons espirituais, assunto que o apóstolo havia discutido na primeira parte de 1Coríntios 12. Esse ponto é evidente pela repetição da palavra "todos" (*todos*... foram batizados, *todos*... beberam) e da expressão "um só" ou "*um único*" (*um só* corpo... *um único* Espírito). O que Paulo está fazendo aqui, afirma Stott, é ressaltar aquela experiência com o Espírito Santo que todos os cristãos têm em comum. Essa é a diferença entre "o dom do Espírito" (quer dizer, o próprio Espírito Santo) e "os dons do Espírito" (isto é, os dons espirituais que ele distribui). Nesse capítulo, Paulo emprega várias vezes uma terminologia quando a unidade dos cristãos é destacada (cf. 12.4,8,9,11,13). O clímax se encontra em 12.13, onde o apóstolo afirma que "em um só corpo todos nós fomos batizados em um único Espírito". A expressão de Paulo "quer judeus, quer gregos, quer escravos, quer livres" bem pode ser uma alusão a "todos os povos" mencionada na profecia de Joel. Sua conclusão é que o batismo com o Espírito Santo não é uma segunda experiência, nem uma experiência subsequente desfrutada somente por alguns cristãos, mas a experiência inicial desfrutada por todos.[9] Ou seja, o batismo com o Espírito é o mesmo que a conversão.

No seu recente comentário de Atos, Stott procura deixar claro que não nega que haja experiências mais profundas e mais ricas após a conversão. Porém, rejeita a ideia de que tais coisas pudessem ser chamadas de "batismo com o Espírito", uma terminologia que ele reserva apenas para a conversão, a obra inicial do Espírito no crente.[10] É importante notar que, para ele, as passagens nos Evangelhos e em Atos devem ser interpretadas à luz da passagem de Coríntios e, portanto, devem referir-se à conversão, quando o crente recebe tudo o que lhe é permitido receber do Espírito. É sintomático que no seu livro *Baptism & Fullness* não exista nem uma palavra sobre reavivamento espiritual. Stott aparentemente não nega a possibilidade da ocorrência de um reavivamento em nossos dias, mas certamente não é um dos seus proponentes mais entusiastas.

Batismo "pelo", "com" ou "no" Espírito?

Em seguida, Stott passa a responder às objeções que geralmente são levantadas contra essa interpretação de 1Coríntios 12.13. Inicialmente, ele aborda o argumento de que as outras seis passagens, que se referem ao "batismo com o Espírito Santo",

---

[9] STOTT. *Baptism & Fullness*, p. 38-40.
[10] John STOTT. A Mensagem de Atos, in: *A Bíblia Fala Hoje*, A. MOTYER e J. R. W. STOTT (eds), São Paulo: ABU, 1994, p. 172.

tratam do batismo feito por Jesus *em*, ou *com*, o Espírito Santo, enquanto 1Coríntios 12.13 trata do batismo realizado *pelo* Espírito no corpo de Cristo, algo completamente diferente. Os defensores dessa posição, esclarece Stott, concordam que o Espírito Santo batizou a todos os crentes no corpo de Cristo, mas isso não prova, para eles, que Cristo batizou a todos com o Espírito Santo. Stott afirma que esse tipo de argumentação é um exemplo de se tentar defender o indefensável e passa, então, a refutá-la como se segue.[11]

Em todas as sete ocorrências da expressão, a ideia de batismo é expressa pelas mesmas palavras gregas ("batismo", "em" e "Espírito") e, portanto, *a priori*, deve ser entendida como se referindo à mesma experiência de batismo. Essa é uma regra sadia de interpretação, diz Stott, e cabe aos que pensam o contrário apresentar provas de que ela não se aplica aqui. A interpretação natural é que Paulo estaria, em 1Coríntios 12.13, fazendo eco às palavras de João Batista, como Jesus e Pedro haviam feito antes dele (Atos 1.15; 11.16). É estranho tomar Jesus como o batizador nas seis primeiras passagens e, então, na sétima, tomar o Espírito como sendo o batizador, já que as expressões são idênticas. A preposição grega em 12.13 é *en*, como nos demais versículos, onde é traduzida por "com". Por que, pergunta Stott, deveria ser traduzida diferentemente?[12]

Os quatro elementos de todo batismo

Então ele defende esse ponto com o argumento de que em qualquer tipo de batismo existem quatro partes: (1) o *sujeito*, que é o batizador; (2) o *objeto*, que é a pessoa sendo batizada; (3) o elemento *em*, ou no qual a pessoa é batizada; e (4) o *propósito* com

---

[11] Stott. *Baptism & Fullness*, p. 40.
[12] Stott. *Baptism & Fullness*.

o qual o batismo é realizado. Como exemplo ele cita o "batismo" dos israelitas no mar Vermelho (cf. 1Coríntios 10.1,2). Deus foi o batizador, os israelitas foram os batizandos, o elemento pelo qual foram batizados foi a água, ou vapor que caía das nuvens, e o propósito é indicado pela expressão "batizados em Moisés", isto é, para um relacionamento com Moisés enquanto líder estabelecido por Deus. O batismo de João, igualmente, tem quatro partes: João (o sujeito) batizou as multidões que vinham de Jerusalém e regiões circunvizinhas (os batizandos) nas (*en*, no grego) águas do Rio Jordão (elemento) "para" (*eis*, no grego) arrependimento e, portanto, remissão de pecados (cf. Mateus 3.5,11). O batismo cristão é similar, continua Stott. O pastor (sujeito) batiza o candidato (objeto) na (*en*) ou com água (elemento), e o batismo é "para" (*eis*) o nome da Trindade, ou mais especificamente, para o nome de Cristo (Mateus 28.19; Atos 8.16). O batismo do Espírito não é exceção a essa regra, conclui Stott. Se colocarmos as sete referências juntas, verificaremos que Jesus Cristo é o batizador (sujeito), todos os crentes (1Coríntios 12.13) são os batizandos (objeto), o Espírito Santo é o "elemento" com o qual somos batizados, e o propósito é a incorporação do crente no corpo de Cristo.[13]

Stott reconhece que alguém poderia alegar que essas quatro partes não aparecem claramente em todas as sete passagens mencionadas. Por exemplo, o sujeito (o batizador) não aparece em 1Coríntios 12.13. Para Stott, isso não é problema: Jesus Cristo é o batizador implícito da passagem, assim como também em Atos 1.5 e 11.16. Ele não é mencionado porque, nessas passagens, o verbo "batizar" está na voz passiva, e a ênfase recai sobre as pessoas sendo batizadas, ao passo que o sujeito da ação recua para os bastidores.

[13] Idem, ibidem, p. 40, 42.

Ele ainda argumenta que, se o Espírito é quem batiza em 1Coríntios 12.13, então, onde está o elemento com o qual ele batiza? Stott considera a falta de resposta a esta pergunta como sendo conclusiva de que sua interpretação é a correta, já que a metáfora do batismo requer um elemento. De outra forma, "batismo não é batismo".[14] Ele conclui que 1Coríntios 12.13 refere-se a Cristo batizando com o Espírito Santo, e nos fazendo beber do Espírito, e que "todos nós" temos participado desta bênção (cf. João 7.37-39). Essa conclusão é reforçada pelo tempo dos dois verbos, "batizar" e "beber", ambos no *aoristo* (tempo grego que geralmente exprime uma ação completa no passado), e que se referem, não ao Pentecostes, mas à bênção pessoal recebida pelos cristãos em sua conversão.[15]

---

[14] STOTT. *Baptism & Fullness*, p. 42-3.
[15] Idem, ibidem, p. 43.

CAPÍTULO 7

Um batismo, muitas experiências

Nos capítulos anteriores fizemos uma análise da questão do batismo com o Espírito Santo a partir das posições de Martin Lloyd-Jones e John Stott. No presente capítulo, apresentamos o nosso ponto de vista sobre o assunto.

Em que Lloyd-Jones e Stott concordam

Não há diferença entre eles quanto aos *batizandos* (aqueles sendo batizados) de 1Coríntios 12.13 e nem, de fato, deveria haver. Com a expressão *todos nós*, Paulo faz referência aos crentes em geral, e não somente a si mesmo e aos coríntios. Paulo está descrevendo, na passagem, uma experiência que une todos os cristãos, independente de raça, sexo ou *status* social. E o apóstolo faz isso porque seu objetivo, na segunda parte de 1Coríntios 12, é enfatizar a unidade dos cristãos, em contraste com a diversidade dos seus dons. Colocado dentro dessa perspectiva, fica pouca dúvida de que 12.13 esteja se referindo a uma experiência da qual *todos* os cristãos participam.

Da mesma forma, o *propósito* desse batismo é claramente indicado pela preposição *eis*,[1] ou seja, "colocar" o crente no corpo,

---

[1] É interessante observar, porém, que a preposição *eis* ligada ao verbo *baptizo* nem sempre indica o *propósito* do batismo. Em Marcos 1.9,

que é a Igreja. Ambos concordam que esse é o alvo do batismo na passagem e, portanto, também concordam que o batismo mencionado é o mesmo que a conversão.

Em que Lloyd-Jones e Stott diferem

A tradução de "en"

Em primeiro lugar, analisemos a tradução da preposição *en* e a sua relação com o batizador, ou o agente do batismo. Não é fácil decidir sobre quem está certo, se Lloyd-Jones com a tradução "por", ou se Stott, com a tradução "com" ou "em". Todas são gramaticalmente possíveis. A decisão, finalmente, não será uma questão de gramática ou sintaxe, mas de teologia, das pressuposições teológicas que cada exegeta traz consigo ao analisar a passagem.

A favor da tradução "por um só Espírito" (Lloyd-Jones) está o fato de que esta é a tradução adotada pela maioria das traduções nas línguas modernas.[2] Contra isso está o fato de que essa tradução faz com que a passagem seja a única no Novo Testamento a fazer do Espírito Santo o *agente* do batismo, e não o elemento com o qual o crente é batizado. Mas, para Lloyd-Jones, isso não é dificuldade, pois o batismo "*pelo*" Espírito é de fato distinto do

---

indica-se o *elemento* do batismo, ou seja, o rio Jordão. Às vezes, indica-se a *referência* ou a *relação*, como, por exemplo, quando o nome ou a pessoa de Jesus são mencionados (cf. Mateus 28.19; Atos 8.16, 19.5; Romanos 6.3). E pode mesmo indicar o *tipo* de batismo, v. Atos 19.3, ou a *causa* do batismo, em Mateus 3.11. Em 1Coríntios 12.13, indica-se o *alvo* do batismo, que é incorporar o crente no corpo de Cristo.

[2] Entre as traduções modernas em inglês que adotam "*por*" estão: KJV, NKJV, AV, RSV, NEB, NIV, NAS, TEV, GNB, NCV, Phillips, Mofatt, etc. Em português, quase que a maioria das traduções prefere "*em*". Os comentários estão divididos. Alguns preferem "*por*" (Calvino, Clark, Hodge, Kistemaker, Chafin, MacArthur Jr, Bengel, Alford); outros, "*em*" ou "*com*" (Morris, Findlay, Lenski, Goud, Grosheide, Robertson & Plummer).

batismo *"com"* ou *"no"* Espírito. E essa é a pressuposição com a qual ele se aproxima de 1Coríntios 12.13, ou seja, que o batismo com o Espírito mencionado nos Evangelhos e no livro de Atos é uma experiência distinta da conversão.

A favor de Stott está o fato de que, nas demais ocorrências da expressão, a preposição pode ser traduzida por *"com"* ou *"no"* Espírito. Ao analisar 1Coríntios 12.13 à luz das seis outras ocorrências da expressão "ser batizado com o Espírito Santo", Stott faz uso de um princípio sadio e sólido da exegese bíblica: uma passagem da Escritura deve ser interpretada à luz de outras passagens que tratam do mesmo tema. Contra sua interpretação está o fato de que, em última análise, sua posição exige que a conversão dos apóstolos, dos samaritanos e dos discípulos de João Batista, tenha ocorrido na mesma ocasião em que foram batizados com o Espírito. Essa posição é insustentável, do nosso ponto de vista, já que, pelo menos no caso dos apóstolos, é evidente que eles já eram regenerados quando foram batizados com o Espírito Santo. Contudo, se considerarmos as experiências de Atos como exceções, o caso muda de figura. É isso que Stott eventualmente faz.[3]

A relação entre 1Coríntios 12.13 e as experiências no livro de Atos

Em segundo lugar, ambos divergem com respeito à relação entre 1Coríntios 12.13 e as demais passagens paralelas nos Evangelhos e Atos. Como vimos, Lloyd-Jones sustenta que se tratam de experiências diferentes: em 1Coríntios "batismo pelo Espírito" se refere à conversão, enquanto que, em Atos, "batismo com o Espírito" se refere a uma experiência de confirmação e autenticação. Por outro lado,

[3] Cf. STOTT. *Atos*, p. 172.

Stott afirma que, em 1Coríntios e em Atos, a expressão designa a mesma coisa, ou seja, a conversão.

Não podemos entrar de forma profunda, neste artigo, na questão do batismo com o Espírito Santo nos Evangelhos e no livro de Atos, mas podemos, no mínimo, afirmar que, em alguns dos casos narrados em Atos, o batismo com o Espírito ocorreu com pessoas que já eram crentes, como os discípulos em Pentecostes (Atos 2.1-4; cf. João 13.10; 15.3; Lucas 10.20) e provavelmente os samaritanos (Atos 8.14-18; cf. 8.12). Somente em uma ocasião o batismo com o Espírito ocorreu claramente no mesmo momento da conversão — durante a pregação de Pedro na casa de Cornélio.

Os estudiosos têm tirado conclusões diferentes desses fatos. Lloyd-Jones, como vimos, conclui que tais fatos estabelecem a norma e a terminologia para todas as épocas da Igreja. Contudo, parece-nos que as experiências narradas em Atos são mais bem compreendidas à luz do contexto histórico no qual ocorreram, à luz daquele período especial de transição, no qual o Evangelho estava se universalizando, passando dos judeus para os gentios. Esse processo tornava necessárias as manifestações extraordinárias que acompanhavam os diferentes estágios da transição, como uma forma de autenticação das mesmas. Essa é a convicção de Stott. Entendemos que MacArthur expressa bem esse ponto de vista, ao escrever o seguinte sobre a experiência dos samaritanos:

> Aqueles crentes em particular tiveram de esperar pelo Espírito Santo, mas não lhes foi dito que deviam buscá-lo. O propósito daquela exceção era demonstrar aos apóstolos e fazer ouvir entre os crentes judeus em geral que o mesmo Espírito que havia batizado e enchido os crentes judeus agora havia feito o mesmo com os crentes samaritanos, exatamente como, em pouco tempo, Pedro e

outros judeus crentes haveriam de ser enviados à casa de Cornélio como testemunhas do fato de que o dom do Espírito Santo fora derramado "até sobre os gentios" (Atos 10.45).[4]

Não entendemos que as experiências narradas em Atos, em que houve um intervalo entre conversão e batismo com o Espírito, sejam a norma para as demais etapas da Igreja de Cristo após o período de transição ter-se completado, e nem que a terminologia "batismo com o Espírito" deva ser usada para indicar experiências posteriores à conversão. Se tivéssemos de tomar algum evento como normativo, tomaríamos a experiência dos três mil, no dia de Pentecostes, que num mesmo evento se converteram, receberam o Espírito e foram batizados com aquele mesmo Espírito (cf. Atos 2.38).

---

[4] John MACARTHUR. *1Corinthians* [1Coríntios], in: *The MacArthur New Testament Commentary*. Chicago: Moody Press, 1984, p. 313.

Conclusão

Chegando ao final de nosso estudo sobre a plenitude do Espírito Santo, cabe perguntar quais seriam as implicações do que foi discutido para o leitor. Gostaria de sugerir cinco delas, que funcionariam mais como provocações a uma reflexão mais aprofundada sobre o assunto.

1) *A plenitude do Espírito é compreendida no Novo Testamento mais em termos coletivos do que individuais.* Espero ter deixado este ponto claro no decorrer de nossa pesquisa. Mas não custa tentar esclarecê-lo ainda mais. Embora haja, no Novo Testamento, o aspecto individual da atuação do Espírito na vida do cristão, a ênfase recai sobre sua vida em comunidade. A plenitude do Espírito é prometida ao cristão no contexto do corpo de Cristo. É por intermédio das práticas espirituais exercidas "uns aos outros" que o cumprimento da promessa de plenitude nos é garantido. O reconhecimento dessa verdade serve como uma provocação ao conceito dominante em alguns quartéis evangélicos que compreendem o enchimento do Espírito basicamente em termos individuais.

O paradigma geralmente é de alguém fechado em seu quarto, agonizando em oração por horas a fio, geralmente em jejum, suplicando (e às vezes até exigindo) de Deus que lhe dê uma experiência de poder. Não podemos negar que cristãos famosos, na longa história da Igreja, tiveram esse tipo de experiência, como Howell Harris, Charles Finney e Dwight Moody. Infelizmente, a experiência desses homens por vezes tem se tornado um paradigma quanto ao modo pelo qual devemos buscar por plenitude, quando, na verdade, deveriam ser apenas um monumento de gratidão à graça de Deus. O nosso modelo deve ser o ensino das Escrituras, e esse nos ensina a esperar, no uso dos meios coletivos de graça, pela visitação graciosa do Espírito. Essa é a regra. Evidentemente, nosso soberano Deus pode permitir exceções — mas ele não nos ensina a viver esperando por elas. Se decidirmos obedecer ao ensino apostólico de termos comunhão preciosa uns com os outros, pela conversação que edifica, cantando ao Senhor, rendendo graças juntos e submetendo-nos mutuamente, creio firmemente que veremos igrejas plenas do Espírito de Deus.

2) *O Espírito de Deus não é uma força ao nosso dispor, mas o Deus que dispõe de nós.* Acredito que este ponto ficou igualmente destacado nesta obra. Embora a pessoalidade do Espírito Santo não seja negada pelos evangélicos em geral, fica evidente que, em termos práticos de ministério, muitos o tratam como uma força, um poder a ser obtido, que irá, de alguma forma sobrenatural, facilitar seu ministério, resolver seus problemas e introduzi-lo a um nível superior de vida espiritual. Não desejo nem por um momento negar que o Espírito pode operar essas coisas nas vidas dos filhos de Deus. Apenas desejo apontar que a implicação prática de reconhecermos que ele é Deus é nossa total submissão à sua vontade e direção, despojando-nos de qualquer intenção utilitarista egoísta. Creio firmemente que o Espírito age poderosamente em nossos dias em resposta à oração, mas não creio que as promessas bíblicas a esse respeito o tornam objeto de nossa manipulação. Já nos são familiares conceitos e práticas por parte de evangélicos menos

avisados que aparentam ter controle sobre o Espírito como a um poder místico manipulável por meio da fé. Estou convicto de que, se passarmos a honrar o Espírito Santo como Deus, confessando nosso pecado e submetendo-nos plenamente à sua vontade soberana, teremos menos do homem nos "avivamentos" modernos e mais da genuína operação do Espírito de Deus.

3) *O sinal da plenitude é santidade, não necessariamente tremedeira.* Por vezes ficamos pasmos diante de queridos irmãos nossos que, por motivos os quais desconhecemos, associam insistentemente algum tipo de reação fisiológica — como cair no Espírito, rir, dançar, entrar em transe ou reações similares — à ação plenificadora do Espírito. É bem verdade que muitos deles negarão que consideram essas coisas como essenciais ou mesmo necessárias, mas acabam por parecerem inconsistentes por admiti-las sem quaisquer qualificações, quando não as encorajam em seus cultos ou ministrações, chegando mesmo a procurar justificativas em supostos exemplos bíblicos. É bom que fique claro que reconheço a possibilidade de reações físicas por parte dos crentes em ocasiões especiais de intensa atividade do Espírito de Deus, atuando pela Palavra e tornando-a clara em suas mentes. Mas mesmo nesses casos, tais reações não se constituem sinal de uma obra mais profunda e permanente do Espírito. As Escrituras nos ensinam a esperar a *santidade de vida* como sinal e evidência segura dessa operação. Se fôssemos mais criteriosos quanto a essas manifestações (sem ser radicalmente proibitivos) poderíamos "limpar o terreno" para que o fruto da santidade pudesse aparecer. Por enquanto, ele me parece estar muitas vezes eclipsado pela exagerada ênfase, no meio evangélico, de outros sinais.

4) *Ser plenos do Espírito é vital para o prosseguimento da Igreja.* É claro que Deus poderia levar seu reino adiante neste mundo sem nós. Como diz a Confissão de Fé de Westminster:

Deus tem em si mesmo, e de si mesmo, toda a vida, glória, bondade e bem-aventurança. Ele é todo suficiente em si e para si, pois não precisa das criaturas que trouxe à existência, não deriva delas glória alguma, mas somente manifesta a sua glória nelas, por elas, para elas e sobre elas. (Cap. II, 2).

Ao mesmo tempo em que confessamos a plena soberania de Deus, reconhecemos igualmente que ele determinou o cumprimento de seus planos neste mundo por intermédio da Igreja, e com esse objetivo concedeu seu bendito Espírito para que nela habitasse e a capacitasse. Aprouve também a Deus que a Igreja reconhecesse a dependência dela quanto à operação graciosa do Espírito, capacitando-a a testemunhar ao mundo. Quando o apóstolo Paulo ordenou à Igreja que fosse cheia do Espírito, estava declarando que sem essa plenitude, ela pouco — ou nada — poderia fazer neste mundo. A plenitude do Espírito, portanto, deveria ser o alvo principal das igrejas locais e dos concílios das denominações, a começar de suas lideranças. Infelizmente, muitas vezes as igrejas e denominações perdem de vista essa prioridade na multiplicidade das atividades rotineiras e burocráticas, a fim de manter a "máquina" da organização funcionando. É preciso considerar o assunto com profunda seriedade e sincero arrependimento.

5) *A iniciação do batismo com o Espírito Santo não elimina a necessidade de progresso espiritual.* Em nossa discussão acerca do batismo com o Espírito Santo admitimos a realidade de experiências profundas com Deus após a conversão, embora tenhamos discordado de alguns que elas pudessem ser chamadas de "batismo". Sendo a experiência iniciatória no Cristianismo e padrão para todos os cristãos que viveriam após o Pentecostes, o batismo com o Espírito Santo não é o substituto para a obra

de crescimento progressivo em santidade e em submissão a toda vontade do Espírito em nossas vidas.

Queira nosso Deus fazer com que a Igreja de Cristo conheça um verdadeiro avivamento, trazendo profundas mudanças espirituais às nossas igrejas e, consequentemente, saneamento moral e social ao nosso país. Busquemos ao Senhor em fervorosa oração para que esse dia seja breve.